注册会计师行业
司法会计审计鉴定理论与实务

王丽梅　李　芳　冉祥俊　李晓霞　主编

中国财经出版传媒集团
中国财政经济出版社
·北　京·

图书在版编目（CIP）数据

注册会计师行业司法会计审计鉴定理论与实务 / 王丽梅等主编. -- 北京：中国财政经济出版社，2024.12.（2025.2 重印）-- ISBN 978-7-5223-3132-4

Ⅰ. D918.95

中国国家版本馆CIP数据核字第2024A3J872号

责任编辑：郁东敏　　责任校对：胡永立
封面设计：中通世奥　　责任印制：党　辉

注册会计师行业司法会计审计鉴定理论与实务
ZHUCE KUAIJISHI HANGYE SIFA KUAIJI SHENJI JIANDING LILUN YU SHIWU

中国财政经济出版社 出版
URL：http：//www.cfeph.cn
E-mail：cfeph @cfemg.cn

社址：北京市海淀区阜成路甲28号　邮政编码：100142
营销中心电话：010-88191522
天猫网店：中国财政经济出版社旗舰店
网址：https：//zgczjjcbs.tmall.com
涿州汇美亿浓印刷有限公司印刷　各地新华书店经销
成品尺寸：170mm × 240mm　16开　14.5印张　188 000字
2024年12月第1版　2025年2月河北第2次印刷
定价：78.00元
ISBN 978-7-5223-3132-4
（图书出现印装问题，本社负责调换，电话：010-88190548）
本社图书质量投诉电话：010-88190744
打击盗版举报热线：010-88191661　QQ：2242791300

前言

近年来，司法会计鉴定给注册会计师行业注入了新的业务内容，同时也成为行业执业的高风险领域。近三年，协会受理的投诉举报中，涉及司法领域的达到70%，究其原因，根本在于会计师事务所对司法会计审计鉴定业务职业判断不够准确、风险控制不够到位。司法会计审计鉴定业务类型多样，委托方众多，且缺乏具有针对性的技术规范和执业标准，尤其是在停止“四类外”鉴定业务司法行政登记，司法会计鉴定回归行业管理之后，会计师事务所及注册会计师从业人员多数没有经过系统的司法会计学和相关司法鉴定知识的学习，对司法鉴定法律法规政策和审计鉴证业务准则的融合掌握不够到位，导致报告类型不够准确，报告名称、格式不够规范，报告结论或意见不够客观、公允，从而引起一方或双方当事人的不满，甚至有的损害了他们的利益。

为贯彻落实“国办发30号”文件精神，提升司法鉴定领域业务质量，提高会计师事务所承接承做司法会计审计鉴定业务的能力，加强注册会计师对司法会计鉴定和注册会计师审计鉴证业务的认识，协会从2022年即开始撰写方案，组织有关行业专家成立编审委员会，开展《司法鉴定审计理论与实务》（原定标题）课题研究，经过两年多的反复打磨，不断学习论证，现在观点及实操相对成熟，特向执业者推出《注册会计师行业司法会计审计鉴定理论与实务》，便于行业从业人员参考和借鉴，规避执业风险。同时该书的一些政策、流程和案例均基于山东地区收集和整理，其他地区执业者使用时需注意区域差异。

全书分理论篇和实务篇两大部分。理论篇又分两个版块，其一是司法会计审计鉴定综述，主要内容有：（1）从狭义的司法即法院委托角度概述司法会计鉴定业务；（2）概述注册会计师审计鉴证业务；（3）从广义角度阐述注册会计师行业司法会计审计鉴定业务以及与注册会计师行业审计鉴证业务的联系与差异；（4）司法会计审计鉴定应遵循的依据标准；（5）司法会计鉴定相关法规政策汇编。其二是不同机关或单位（包括个人）委托鉴定业务流程及注意事项，分别从法院委托，公安机关、监察机关、检察机关委托，仲裁委委托，单位（包括律师事务所）或个人委托等业务不同来源方面阐述鉴定流程及注意事项。实务篇选录了12个比较典型的案例，分别是法院委托的3个，公安委托的5个，检察院委托的2个，仲裁委委托的2个。

本书论述过程中多数使用“司法会计鉴定”术语，少数使用标题“司法会计审计鉴定”术语，主要是基于现行司法鉴定领域相关法律法规及政策使用的主要分类术语还是司法会计鉴定，但实务和中注协及高院的认知中早已将“司法会计鉴定”定义为“司法会计审计鉴定”，具体可见人民法院委托鉴定系统鉴定类型、《中国注册会计师鉴证业务基本准则》第五十八条以及《最高人民法院办公厅对十二届全国人大三次会议第1084号建议的答复》（2015年8月4日法办函〔2015〕433号）。本书也认为，基于实务经验和广义的会计理解，注册会计师行业从事的司法会计鉴定应为司法会计审计鉴定甚至包括税务审计鉴定，但为叙述方便，仍多数以司法会计鉴定代替广义的司法会计审计鉴定，在此提醒会员学习使用时注意。

因日常处理投诉举报，经常会有投诉人投诉会计师事务所和注册会计师不具备鉴定资格，出具的报告不属于鉴定意见，以审代鉴，以审代判等，本书也对此作了一些观点陈述，且摘录了一些法条原文进行说明，但仁者见仁，智者见智，编审委员会不是学术权威，也不是实践大家，不能穷尽理论和实务，仅作一些探索和研究。

需要声明的是，本书仅代表编审委有关专家的部分观点和实务经验，不能取代司法鉴定程序法律法规及有关政策规定，更不能取代中国注册会计师执业准则及相关职业道德规范，也不能代替注册会计师的职业判断，不得照抄照搬。实务中，注册会计师仍需根据具体业务承接和委托情况及事务所内部执业规范流程进行鉴别、判断，保持职业怀疑，出具符合实际情况的鉴定报告。

在编审过程中，委员们阅读了大量文献，主要参考文献附后，并借鉴了业内权威学者如于朝、庞建兵等的司法会计鉴定理论知识，同时参考了兄弟协会如广东注协和北京注协的有关理论实操及指南提示等，在此一并表示感谢。

由于司法会计审计鉴定业务的特殊性和复杂性，本书内容难免有不当和疏漏之处，还请行业执业者谅解和指正，以便下一步更好地修正和完善。

本书编审委员会

2024年9月7日

目录

第一部分
理论篇

第一部分

理论篇

一、司法会计审计鉴定综述

（一）司法会计鉴定业务概述

1. 司法会计鉴定的概念

要理解“司法会计鉴定业务”，首先应对“司法”“会计”“司法会计”“鉴定”“司法鉴定”“司法会计鉴定”有一个正确的理解。

司法又被称为“法的适用”或“法律适用”，是指国家司法机关依照法定职权和程序，具体适用法律处理各种案件的专门活动。司法的概念有广义和狭义之分：广义的司法，是指国家司法机关及司法组织在办理诉讼案件和非诉讼案件过程中的执法活动；狭义的司法，特指法院的权限及其审判活动。

会计是以货币为主要计量单位，反映和监督一个单位经济活动的一种经济管理工作。在企业，会计主要反映企业的财务状况、经营成果和现金流量，并对企业经营活动和财务收支进行监督。会计的基本职能包括进行会计核算和实施会计监督两个方面。

司法会计是一种法律诉讼活动。与会计（经济核算、监督活动）、审计（经济监督、鉴证、评价活动）、非诉讼中的会计检查、会计鉴定等社会活动不同，司法会计活动应当符合诉讼程序。因此，司法会计是指涉及财务会计业务案件的调查、审理中，为了查明案情，对案件所涉及的财务会计资料及相关财物数量进行专门检查，或对案件所涉及的财务会计问题进行专门鉴定的法律诉讼活动。由此可见，司法会计是司法机关依法主持进行的会计检查和会计鉴定活动，包括司法会计检查和司法会计鉴定两个方面。

鉴定是指具有相应能力和资质的专业人员或机构接受具有相应权利或管理职能部门或机构的委托，根据确凿的数据或证据、相应的经验和分析论证对某一事物提出客观、公正和具有权威性的技术意见，这种意见作为委托方处理相关矛盾或纠纷的证据或依据。

2015年4月24日修正的《全国人民代表大会常务委员会关于司法鉴定管理问题的决定》第一条和2016年5月1日起施行的《司法鉴定程序通则》第二条第一款，对司法鉴定的概念作出了明确规定："司法鉴定是指在诉讼活动中鉴定人运用科学技术或者专门知识对诉讼涉及的专门性问题进行鉴别和判断并提供鉴定意见的活动。"

司法会计鉴定是司法鉴定业务的一种。司法鉴定业务分类，是指根据司法鉴定所运用的理论知识、技术方法和鉴定对象的性质、特点，对司法鉴定业务类别、项目的划分及其内容的界定。2000年1月1日起施行的司法部《司法鉴定执业分类规定（试行）》将司法鉴定业务分为13种，其中第九条规定："司法会计鉴定：运用司法会计学的原理和方法，通过检查、计算、验证和鉴证对会计凭证、会计账簿、会计报表和其他会计资料等财务状况进行鉴定。"《山东省司法鉴定条例》第三条规定，司法鉴定包括诉讼需要的会计类鉴定。《山东省司法鉴定业务分类规定》第十七条规定，会计司法鉴定是指运用会计学、审计学及其他有关学科的理论、技术和方法，根据有关财务会计准则，通过对财务、会计资料和相关证据的分析检验，对其所反映的财务、会计问题进行鉴别和判断。主要包括以下鉴定项目：财务问题鉴定、会计问题鉴定。

综上可见，狭义的司法会计鉴定主要是指法院为解决诉讼中的财务会计问题委托具备资质的鉴定人或机构运用会计、审计等学科有关理论、技术和方法，根据有关财务会计、审计鉴证准则或税务法律法规，通过对财务、会计、税务资料和相关证据的分析检验，对其所反映的财务、会计、税务问题进行鉴别和判断并提供鉴定意见作为证据，以查明案件事实的一种法律诉讼活动。税务问题通常包括在财务会计问题之中，一般不单说，会计师事务所及注册会计师可以承做与税务鉴定有关的业务。

2. 司法会计鉴定的相关术语和定义

（1）司法机关

本部分即“（一）司法会计鉴定业务概述”中涉及的司法机关，是一个狭义的概念，仅指人民法院，也即诉讼机关、审判机关。关于司法机关的定义、职责及相互关系详见本部分“二、不同机关或单位（包括个人）委托鉴定业务流程及注意事项”。

（2）司法会计鉴定机构

司法会计鉴定机构，是指在诉讼活动中接受司法机关鉴定委托，遵循法律规定的方式、方法、步骤以及相关的规则和标准，对诉讼涉及的专门性问题运用科学技术或者专门知识进行鉴别和判断并提供鉴定意见的机构。或者说，司法会计鉴定机构是指在诉讼过程中，对案件中的专门性问题，接受司法机关委托，运用专业知识和技术，依照法定程序作出鉴别和判断活动的专门单位，以下简称“鉴定机构”。

（3）司法会计鉴定人

司法会计鉴定人，是在鉴定机构受司法机关的委托后，由鉴定机构指派依法实施司法会计鉴定活动的参与人，是司法会计鉴定主体，以下简称“鉴定人”。

（4）司法会计鉴定材料

司法会计鉴定材料，指经委托方提供并确认，在司法会计鉴定过程中直接用于鉴定的存在于各种载体上与鉴定事项有关的一切资料，载体形式为纸质资料、视听资料和电子数据资料，以下简称“鉴定材料”。

（5）司法会计鉴定意见

司法会计鉴定意见，指司法会计鉴定机构对司法机关委托的司法会计鉴定事项所作出的专业判断和发表的专业意见。

（6）司法会计鉴定文书

司法会计鉴定文书，指司法会计鉴定机构依照法定条件和程序，运用其所掌握的司法会计及相关专业知识和技能出具的，记录和反映司法会计鉴定活动过程和司法会计鉴定意见的书面载体，即司法鉴定意见书。

3. 司法会计鉴定的目的

经济纠纷案件往往涉及财务会计专门性问题，举证责任人举出会计资料等证据时，一方面法官因专业知识限制无法正确认定会计资料反映的案件事实，另一方面由于会计资料有真有假、比较复杂，与案件有关的某些事实信息可能被掩盖，法官不可能审查全部会计资料、查阅整个账簿和会计凭证。这就需要司法会计鉴定机构和司法会计鉴定人通过对会计凭证、会计账簿、会计报表和其他会计资料等进行审核、检验，对会计问题进行判断和验证，证实这些会计事实并提供鉴定意见作为司法机关认定案件事实的重要参考。因此，司法会计鉴定业务的目的是查明诉讼涉及的财务会计事实方面的特定案情——涉案财务会计事实某一部分。为了实现查明某一案情的鉴定目的，需要将实现该目的所涉及的具体财务会计问题作为鉴定要求向鉴定人提出，要求针对这些会计资料或补充资料，为查明涉案会计事实，实施鉴定程序，提供鉴定意见。

司法机关为实现同一司法会计鉴定目的，可以向鉴定人提出一项或数项司法会计鉴定事项；而一项司法会计鉴定事项的实现可能同时满足司法机关的多个鉴定目的的需要。

4. 司法会计鉴定的分类

（1）按接受鉴定时间分类

司法会计鉴定一般可分为初始鉴定、补充鉴定、鉴定复核和重新鉴定四种情况。

初始鉴定，是指在同一案件诉讼中，对某一财务会计问题首次提请和组织鉴定机构和鉴定人进行的司法会计鉴定。

补充鉴定，是指司法机关或相关当事人为了弥补已有鉴定意见的不足，组织作出鉴定意见的原鉴定人，在原鉴定意见的基础上补充进行的司法会计鉴定。可进行补充鉴定的情形包括：①已作出的鉴定意见的事实根据不够充分，或论证不够严谨，或意见不确切、意见内容不够完整的；②原鉴定意见为限定性鉴定意见，诉讼中又补充了与附加判定条件有关的证据的；③鉴定人本人对其所作出的鉴定意见提出新的见解，需要作补充修正的；④在诉讼中发现原鉴定意见所依据的证据发生变化，可能影响原鉴定意见可靠性的。

鉴定复核，是指诉讼机关为了确认已有鉴定意见的正确性和可靠性，指派或聘请原鉴定人以外的鉴定人，对原鉴定意见进行的复核性鉴定。

重新鉴定，是指在同一案件诉讼中，就同一财务会计问题重新提请和组织原鉴定机构以外的列入司法鉴定机构名册的其他鉴定机构进行的司法会计鉴定。遇有下列情形之一的，应考虑进行重新鉴定：①在审查使用鉴定意见的过程中，发现鉴定人不具备鉴定人主体资格条件的；②经审查（质证）认为鉴定意见有明显缺陷，必须进行补充鉴定但鉴定人拒绝进行补充鉴定的；③审查认为鉴定程序严重违法的；④审查认为鉴定意见的依据明显不足的；⑤审查认为鉴定意见不科学或不可靠，因而不能作为定案依据的；⑥鉴定人的意见不一致，已影响定案的等。

组织重新鉴定时，重新组织的鉴定机构和鉴定人认为原鉴定要求不妥当，提出重新设定鉴定要求的，如果重新设定了鉴定要求，则该项鉴定属于初始鉴定，而不是重新鉴定。如果重新设定鉴定要求的提议不被采纳，鉴定机构和鉴定人可以拒绝实施鉴定。

（2）按鉴定目的分类

司法会计鉴定的目的是认定案件中的财务会计事实，对财务会计问题进行判断和验证，查明案情。实际操作中，不同的鉴定项目会有不同的鉴定目的，按照鉴定目的进行分类，司法会计鉴定业务主要包括以下几种情况：

①扰乱金融管理秩序案件（非法吸收公众存款、骗贷等）的司法会计鉴定；

②侵犯知识产权赔偿案件的司法会计鉴定；

③贪污、挪用公款（职务侵占、挪用资金）案件的司法会计鉴定；

④经济纠纷案件中债权债务结算情况确认的司法会计鉴定；

⑤违法经营案件的司法会计鉴定；

⑥涉税案件的司法会计鉴定；

⑦虚假出资、抽逃出资的司法会计鉴定；

⑧经营损益（利润）的司法会计鉴定；

⑨所有者权益的司法会计鉴定；

⑩其他。

需要说明的是，按鉴定目的分类，只是常见司法会计鉴定业务类型，并非全部也不能穷尽所有业务类型。随着经济社会的发展，新的经济犯罪类型不断呈现，司法会计鉴定业务类型也将趋于多样化。

5. 司法会计鉴定的范围

司法会计鉴定涉及的问题应属于利用司法会计专业知识和技能所能解决的财务会计问题，包括：资产的历史成本价值、账面价值的确认问题；现金、有价证券、存货等库存资产的应结存额及结存差异的确认问题；财务往来账项的形成、结算及其未结算额构成的确认问题；投资损益额的确认问题；财务收入额、财务支出额以及财务收支差额的确认问题；经营损益额的确认问题；接受投资与留存收益的确认问题；会计处理方法及核算结果的识别问题；其他能够利用司法会计专业知识和技能所能解决的财务会计问题。

6. 司法会计鉴定的资质

《全国人民代表大会常务委员会关于司法鉴定管理问题的决定》（2015年4月24日修正）第二项规定："国家对从事下列司法鉴定业务的鉴定人和鉴定机构实行登记管理制度：（一）法医类鉴定；（二）物证类鉴定；（三）声像资料鉴定；（四）根据诉讼需要由国务院司法行政部门商最高人民法院、最高人民检察院确定的其他应当对鉴定人和鉴定机构实行登记管理的鉴定事项。法律对前款规定事项的鉴定人和鉴定机构的管理另有规定的，从其规定。"

2017年11月22日，《司法部关于严格准入 严格监管提高司法鉴定质量和公信力的意见》（司发〔2017〕11号）印发，对司法鉴定机构和鉴定人的登记范围作出了明确规定："司法行政机关审核登记管理范围为从事法医类、物证类、声像资料，以及根据诉讼需要由国务院司法行政部门商最高人民法院、最高人民检察院确定的其他应当实行登记管理的鉴定事项（环境损害司法鉴定）的鉴定机构和鉴定人，对没有法律、法规依据的，一律不予准入登记。"对法医类、物证类、声像资料、其他（环境损害司法鉴定），简称为"四大类"司法鉴定机构要严格准入。

2018年12月5日，《司法部办公厅关于严格依法做好司法鉴定人和司法鉴定机构登记工作的通知》（司办通〔2018〕164号）印发，其中第二项坚定不移推进"四类外"鉴定人和鉴定机构规范整改工作，"对于没有法律依据，拟申请从事'四类外'司法鉴定业务的有关人员、法人和其他组织，司法行政机关一律不予准入登记。……对明确属于从事'四类外'鉴定业务的鉴定人和鉴定机构，要依法坚决注销登记……"同时，第四项狠抓责任落实也明确，要使"四类外"鉴定机构和鉴定人认识到，司法行政机关虽然不再登记从事“四类外”鉴定业务的法人或其他组织、有关人员，但其仍然可以依法接受办案机关或者有关组织、个人委托，为案件或者其他活动中涉及的专门性问题提供鉴定服务。

2019年1月23日，山东省司法厅办公室印发《关于停止“四类外”司法鉴定机构和司法鉴定人登记工作的通知》（鲁司办〔2019〕4号）规定，“一、自发文之日起，停止受理法人、组织、有关人员的涉及法医类（包括法医病理、法医临床、法医精神病、法医物证、法医毒物）、物证类（包括文书、痕迹、微量）、声像资料类及环境损害类‘四大类’司法鉴定业务以外的司法鉴定机构登记申请及鉴定人登记申请。二、对已登记管理的司法鉴定机构和司法鉴定人，停止受理涉及上述“四大类”司法鉴定业务之外的变更登记申请”。但未明确规定注销已登记管理的“四类外”司法鉴定机构和司法鉴定人。

由上可见，国家司法行政机关不再对从事司法会计鉴定业务的鉴定人和鉴定机构实行登记管理制度，但从事“四类外”鉴定业务的法人或其他组织、有关人员，仍然可以依法接受办案机关或者有关组织、个人委托，为案件或者其他活动中涉及的专门性问题提供鉴定服务。但未有明确的法律法规及政策文件规定从事司法会计鉴定业务的机构或组织及个人需具备何种条件和资质，按照怎样的流程，以及遵照哪些规定来承做司法会计鉴定业务。实务中，目前主要是由委托单位根据需要解决的专门性问题自主判断选取何种主体来从事鉴定业务，经查询人民法院“委托鉴定系统——鉴定机构查询——山东——鉴定类型”中与司法会计鉴定相关的业务类型主要有会计审计鉴定、税务审计鉴定，其中会计审计司法鉴定机构379家均是会计师事务所，税务审计鉴定机构28家，只有1家是会计师事务所。

7. 司法会计鉴定主体

司法会计鉴定人是受司法机关的委托，依法实施会计审计、税务审计鉴定活动的参与人，是司法会计鉴定主体。

作为参与人的司法会计鉴定人的主要职责，是根据司法机关提出的具体鉴定事项，通过对司法机关移送的财务会计、税务资料及相关证据进行检验，解决涉案财务会计及税务问题，出具司法会计鉴定文书。

司法会计鉴定业务取消司法行政机关审核登记管理之后，未制定新的资质要求、权利义务、监督管理及法律责任等行业规范性文件，原来的《司法鉴定人登记管理办法》及《司法鉴定机构登记管理办法》已不适用。目前司法会计鉴定的主体主要是会计师事务所及注册会计师，其从事司法鉴定业务需要具备会计师事务所及注册会计师的执业资质、专门性问题所涉及领域的专业胜任能力、独立性及其他司法机关需要具备的条件。

8. 司法会计鉴定对象

司法会计鉴定对象是司法机关提供给鉴定人进行鉴定的客观认识对象。其主要内容包括四个方面：一是财务会计资料，指财务会计人员进行财务记录、会计核算、会计监督时形成的各种书面材料，主要包括会计凭证、会计账簿、会计报表和各种资产清算、估价、成本核算的分析说明资料。二是其他辅助资料，指除财务会计资料以外的反映社会组织有关经济往来关系、经营管理等方面的资料，主要包括经济合同、协议文本、公司（企业）章程，政府有关文件、统计资料、往来函件等。三是财产物资，指社会组织所拥有或控制的有关实物、资金和票证，主要包括固定资产、存货、库存现金、票据、证券等。四是经济业务活动和财务事实，指通过财务会计资料、其他辅助资料及财产物资反映出来。实践中，必须根据以上四个方面分析，不可凭空想象和臆造。

司法会计鉴定对象是司法实践中鉴定工作的具体对象，是形成司法会计鉴定证据、出具司法会计鉴定意见的重要根据。而作为司法会计鉴定对象和根据的财务会计资料必须具备相应的条件：

第一，必须是有必要且通过运用财务会计专门知识能够解决财务会计专门性问题的财务会计资料。

第二，必须是在案件中所涉及的财务会计活动过程中形成的财务会计资料，这是保证司法会计鉴定意见科学客观的必备条件。经济组织的财务会计活动是十分频繁的，由此而形成的财务会计资料也很多，但是对于具体案件来讲，只有记录案件所涉及的财务会计活动的财务会计资料才能成为相应案件司法会计鉴定的对象。

第三，必须是由司法机关经法定程序收集的财务会计资料，这是对司法会计鉴定对象的程序性保证。

9. 司法会计鉴定的原则

司法会计鉴定一般原则主要包括六个方面：

（1）针对性原则，在整个鉴定工作中必须针对需要鉴定的问题进行鉴定，即司法机关要求鉴定的特定疑难问题。不能超越鉴定范围对被鉴定单位的其他财务问题进行干预和检查，更不得干预案件中与鉴定无关的问题。

（2）政策性原则。司法会计鉴定是为委托方查明案情服务的，是认定经济犯罪和经济纠纷及其他案件中有关的财务会计事实，解决财务会计专门性问题的活动，具有很强的政策性。绝不是查清几笔会计账目和数字，而是要鉴别判定这些账目和数字的具体经济活动的性质，为委托方处理案件提供依据。

（3）专业性原则。专业性原则是为了保证司法会计鉴定工作的精确性和科学性。它体现在两个方面：首先，司法会计鉴定人员必须具有相应的会计、审计和法律专业知识；必须采用专门的技术手段和方法进行鉴定。其次，其鉴定意见只能从财会、审计等专业知识方面作出科学的判断，而不是确定法律的定性和适用。鉴定意见的采用由司法机关决定。

（4）公正性原则，即司法会计鉴定人员要依法独立行使自己的职权，不受任何机关、团体和个人的意志左右；要不偏不倚，不枉不纵，不讲个人情面，不接受贿赂或徇私舞弊。

（5）客观性原则，即司法会计鉴定过程中，必须忠实于客观事实真相，实事求是地反映客观事物的本来面目，不掺杂任何假设、臆断或猜测的因素。

（6）合法性原则。司法会计鉴定的合法性包括主体的合法和会计司法鉴定的内容、手段和程序的合法。

只有严格遵守司法会计鉴定的原则，才能使司法会计鉴定意见真实可靠。

10. 司法会计鉴定方法

司法会计鉴定方法，是指司法会计鉴定人在鉴别分析涉案财务会计问题过程中所需要采用的各种思维模式，包括基本方法、技巧和路线。

司法会计鉴定是一个鉴别、判定财务会计问题的过程。这个过程中通过采用逻辑思路而形成鉴定意见，这些逻辑思路则构成解决涉案财务会计问题的司法会计鉴定方法。司法会计鉴定方法应当具有严密的逻辑性和专业技术性。

（1）司法会计鉴定的基本方法

司法会计鉴定需要采用的基本思路包括平衡分析法和比对鉴别法两种。这两种思路能够广泛地运用于各类财务会计问题的鉴定，被称为司法会计鉴定的基本方法。

①平衡分析法，是指根据价值或数据的量的平衡关系，通过验证平衡，推导并确认某项价值或数据客观情况的司法会计鉴定方法，是基于资金运动具有特定规律性和反映资金运动规律的数量具有平衡关系而建立的一种鉴定方法。它建立的根本基础是会计等式：资产=负债+所有者权益。

基本操作步骤大致包括：

根据鉴定事项和鉴定材料，确定相应的平衡分析机制；根据平衡分析机制，确定需要采用的参照量的范围；对鉴定材料进行检验，并根据检验结果及相关证据，确定参照量的实际量值；根据相应的平衡原理，计算或确认分析量的实际量值；根据分析量的实际量值，鉴别、分析和判断鉴定事项涉及的财务会计问题，并作出相应的鉴定意见。

平衡分析法主要适用于对财务会计资料所反映的财务会计业务以及有关财务数据的真实性进行鉴别和判断的情形，也可以用于直接推断有关财务会计数据的鉴定意见。

②比对鉴别法，是指以标准的或者是规范的财务会计处理方法及其结果作为参照客体，将需要检验的财务会计资料所体现的财务会计处理方法及结果与其（参照客体）进行比较、对照，鉴别判断鉴定材料中所反映的财务会计处理方法及处理结果是否真实、正确、合规的司法会计鉴定方法。根据同一认定原理，财务会计处理方法与其适用对象之间存在特定的同一对应关系，这一原理使比对鉴别成为可能。

基本操作步骤大致包括：

根据鉴定事项和鉴定材料，设定比对内容；根据比对内容，确定制作参照客体所适用的引用标准；根据相关证据及引用标准，设计、制作参照客体，并将参照客体制作成书面文件；将参照客体按照比对的内容与鉴定证据中的比对客体逐一进行比较对照，从而确认比对客体的内容是否真实或正确。

比对鉴别法主要适用于对会计处理及处理结果的真实性、正确性、合规性以及其他财务会计计算结果的正确性等问题的鉴别与判断。

（2）司法会计鉴定技巧

司法会计鉴定中还会遇到诸如鉴定材料缺陷等特殊情形，需要采用一些解决问题所需的特殊思路。这类特殊思路不能广泛运用于各类问题的鉴定，只是司法会计鉴定基本方法的必要补充，被称为司法会计鉴定技巧。常用的司法会计鉴定技巧包括因素递增法、限定鉴定材料范围法、排因法、还原法等。

①因素递增法

因素递增法，是指当鉴定事项涉及的不确定因素较多时，先根据能够确定的因素形成鉴定结果，然后逐步增加鉴别分析因素的司法会计鉴定方法。

一般操作步骤：

确定能够影响鉴定意见的各种因素；各种因素按照对其进行识别的难易程度，由易到难的顺序排列，其中，将尚需补充鉴定材料或应当由委托方负责识别的因素排列在最后；按照排列将各因素分步纳入鉴别分析的范围，并逐步形成鉴定意见；各因素均能够识别的，作出确定意见；尚存在无法识别的因素，则将该因素作为附加判定条件的内容，作出限定意见。

因素递增法通常适用于鉴定材料不全，或对鉴定证据内容的真实性、可靠性存在异议等情形。

②限定鉴定材料范围法

限定鉴定材料范围法，是指通过限制进行检验的鉴定材料范围，将本应通过对较大范围的鉴定材料进行检验解决的鉴定问题，限定在可检验资料的范围内来解决的司法会计鉴定方法。

对鉴定材料范围的限制，包括限制可利用鉴定材料的时间范围、限制可利用鉴定材料的种类范围、同时限制可利用鉴定材料的时间和种类范围三种情形。

限制鉴定材料范围，可以是委托方对鉴定事项给予明示，即限定在特定鉴定材料范围内解决某一财务会计问题；也可以是注册会计师根据鉴定材料状况和鉴定时间的要求自行决定鉴定材料的限定范围。

注册会计师采用限定鉴定材料范围法作出鉴定意见的，应当在鉴定意见中特别说明意见事项所根据的鉴定材料范围。

限定鉴定材料范围法，通常适用于因受鉴定材料质量或鉴定时间的限制，无法通过对较大范围的鉴定材料实施检验或无法利用对较大范围鉴定材料的检验结果作出鉴定意见等情形。

③因素排除法

因素排除法，是指在涉及财务会计业务的因果关系问题的鉴定中，通过检验、鉴别和分析，逐步排除意见事项有关的其他可能性，从而确认原因与结果关系的司法会计鉴定技巧。

一般操作步骤：

根据鉴定事项涉及的财务会计业务之间的因果关系，列示出因果关系中的各种因素，包括与结果相关的各种原因或与原因相关的各种结果；对影响鉴定意见的各因素涉及的鉴定材料进行检验，逐个排除各因素对鉴定意见的影响；确认某一财务会计现象产生的原因，或确认某一财务会计现象导致的后果。

注册会计师采用因素排除法时应当坚持下列原则：

应当将所有的可能性全部客观地列示出来，既不能遗漏，也不能凭主观想象随意增添；应当将列示出的全部可能性逐一根据鉴定证据进行科学的分析，分别予以肯定或否定，如果出现不能肯定其一或不能否定其他的情形时，注册会计师可以不出具鉴定意见或者在鉴定意见中列出未能否定的某一因素作为附加判定条件。在实际鉴定中应当慎用因素排除法。

因素排除法通常适用于没有直接证据证明需证事项，但需证事项与相关事项之间存在因果关系的情形。

④还原法

还原法，是指以原始凭证记载的经济业务的发生时间为准，对账户发生额进行调整并重新计算各期核算结果，以还原各期财务状况或经营成果实际情况的司法会计鉴定方法。

一般操作步骤：

根据鉴定事项和初步检验结果确定还原期间；找出还原期间内影响各期末值的业务；采用余额调节法或计算机辅助方法确认还原期间的各期末值；鉴定事项涉及确认各期会计核算结果正确性问题的，根据上述鉴定结果，采用比对鉴别法鉴别、判断各期会计核算结果的正确性。

还原法适用于某时期内连续的期末财务状况、经营成果的确认，也可以用于判断某时期内连续的账户期末余额正确性的情形。

（3）司法会计鉴定路线

鉴定路线是注册会计师在鉴别、判定财务会计问题过程中采用的鉴定思路，鉴别、判定财务问题与会计问题是两类不同的鉴定事项，需要采用不同的路线进行鉴定。

①财务问题的基本鉴定路线

财务问题鉴定，是指对涉及确认资产、负债、所有者权益、收入、成本、费用等财务状况或经营成果问题进行的。司法会计鉴定财务问题的鉴定有两条基本路线：直接鉴定法和借用会计法。

Ⅰ直接鉴定法

直接鉴定法，是指不利用会计核算结果，而直接根据对财务资料内容的检验分析结果，鉴别、判定财务问题的鉴定路线。

在财务问题鉴定中遇有下列情形时，需要采用直接鉴定法：鉴定事项涉及财务资料较少，无须利用会计资料的；鉴定事项涉及的财务主体没有进行会计核算的；因特别原因委托方无法获取和提供会计资料的；虽有会计核算资料，但会计核算资料质量太差无法利用的。

采用直接鉴定法，在鉴定材料涉及财务资料很少的情况下，可直接根据对财务资料记载内容检验结果，鉴别、判定财务问题；在鉴定材料涉及财务资料较多的情形下，可以先根据鉴定原理，制作相应的鉴定表格，然后逐一检验财务资料，并将相关内容填列到鉴定表格中，随后利用鉴定表格分类汇总相关财务信息并进行相应运算，最终确认相关财务问题，作出鉴定意见。

Ⅱ借用会计法

借用会计法，是指以原会计核算的结果为基础，采用财务标准对原会计核算结果进行调整，鉴别、判定财务问题的鉴定路线。

借用会计法适用于财务资料较多且会计资料质量较高的情况下进行的财务问题鉴定。

采用借用会计法鉴定财务问题实施步骤包括：

首先，根据财务问题的类型，确定需要借用的会计账户并对该账户累计发生额和余额的正确性，真实性问题进行鉴定。

其次，在前述鉴定的基础上，利用财务标准对账户发生额进行调整，并重新确定累计发生额或余额。

最后，根据重新确定的累计发生额或余额，确认相应的财务状况或经营成果事实，并作出鉴定意见。

②会计问题鉴定的基本路线

会计问题鉴定，是对涉及确认会计处理事项及会计核算结果的正确性、真实性、合规性等会计问题进行的司法会计鉴定。

会计问题鉴定有两条基本路线：重新核算法和调节法。

Ⅰ重新核算法

重新核算法，是指根据原始凭证（含相关证据）会计标准，通过重新核算事项形成新的会计核算结果，进而鉴别、判定涉案会计问题的鉴定路线。

重新核算法适用于会计问题鉴定中原会计核算中所含错误较多，需要确认正确会计处理事项或会计核算结果情形。采用重新核算法，应当记录重新核算的内容和结果。

Ⅱ调节法

调节法，是指以原会计核算结果为基础，通过调节该结果中所有弊端账项对原核算结果所造成的影响，计算出正确核算结果，进而鉴别、判定涉案会计问题的鉴定路线。

调节法，主要是根据会计问题的类型设计并填制“调节表”来完成。鉴定原理为：

正确核算结果=原核算结果+应加数据-应减数据

其中，应加数据，是指造成原核算结果虚减或应增未增的错误账项的数量或金额；应减数据，是指造成原核算结果虚增或应减未减的错误账项的数量或金额。

调节法适用于原会计核算结果中所含会计错误较少的情况下进行的会计问题鉴定。

11. 司法会计鉴定程序

司法会计鉴定程序是指鉴定人受理并实施司法会计鉴定的过程和步骤。鉴定程序的类型分为司法会计鉴定的常规程序和特别程序（包括补充鉴定程序、鉴定复核程序和重新鉴定程序）。

（1）司法会计鉴定的常规程序

①鉴定准备阶段

鉴定人应当听取委托方对案情、鉴定目的、鉴定事项和鉴定材料情况的介绍，然后根据自己的学识水平与经验，判断能否胜任鉴定以及有无应当回避的情形，确定是否受理。

鉴定机构受理司法会计鉴定业务，应当要求委托方出具相应的法律文书，提供鉴定材料和相关证据材料，并介绍案情、鉴定目的和鉴定事项。

鉴定人认为委托方提出的鉴定事项不妥当的，可以根据委托方介绍的案情、鉴定目的、鉴定材料状况等情况，与委托方协商修改鉴定事项。委托方同意修改鉴定事项的，应当在相关法律文书中写明修改后的鉴定事项。

在确定受理司法会计鉴定业务后，鉴定机构应当办理接收鉴定业务的手续。该手续应当能够反映委托方概况、案情概要、鉴定事项、受理审查情况以及鉴定机构负责人意见等。

鉴定机构及其鉴定人发现具有下列情形之一的，应当拒绝接收和受理司法会计鉴定业务：委托方不符合法定诉讼主体要求的；委托方不能确定具体鉴定事项的；鉴定事项超出司法会计鉴定范围，委托方拒绝修改的；鉴定事项超出鉴定人鉴定能力的；委托方无法提供必要鉴定材料的；其他不符合法律、法规、规章规定情形的。

鉴定机构不同意受理鉴定事项的，应当向委托方说明理由。必要时，可以出具《不予受理司法会计鉴定说明书》。

其中接收鉴定材料通常包括确定鉴定材料范围、审查鉴定材料和办理接收手续等内容。

鉴定人应当根据鉴定事项、委托方介绍的鉴定材料情况及专业经验，确定需要获取的鉴定材料范围。

鉴定人应当对委托方提供的鉴定材料进行初步审核查验，主要是审查鉴定材料是否充分和完整；根据完成鉴定事项所需，审查鉴定材料的充分性和完整性。

鉴定人审查鉴定材料发现鉴定材料不够完整和充分时，应当向委托方问明原委，并作出如下处理：对委托方应当提供但其尚未收集的鉴定材料，应当告知委托方需要收集补充的具体鉴定材料；对确因各种原因已无法收集必要鉴定材料，可能会影响作出鉴定意见的应当考虑与委托方协商修改鉴定事项；对有条件提供原始证据但尚未提供的，应当根据鉴定所需及原始证据的状况考虑是否要求委托方提供原始证据。

委托方因各种原因无法补充必要鉴定材料且不能修改鉴定事项，导致司法会计鉴定无法实施的，鉴定人可以停止鉴定业务的受理，并出具《不予受理司法会计鉴定说明书》。

办理接收手续时，鉴定人应当清点鉴定材料。其中，委托方提供鉴定材料清单的，鉴定人可以在清点无误后，在鉴定材料清单上签名；委托方没有提供鉴定材料清单的，鉴定人应当根据清点结果制作接收文书。

接收文书的内容一般包括：案由，鉴定材料的名称及数量，备注（可注明鉴定材料的状况等需要说明的情况），委托方、接收人签名，接收日期。

委托方补充提供鉴定材料时，鉴定人应当另行办理接收手续。

②初步检验鉴定阶段

初步检验鉴定阶段，是指司法会计鉴定人通过阅读卷宗，检测鉴定材料质量，作出初步鉴定意见，并据以制定详细检验鉴定方案的司法会计鉴定过程。通常包括以下程序：

第一，查阅卷宗。查阅卷宗是指鉴定人为了解鉴定事项涉及的财务会计事实的某些具体情节，阅读委托方已经获取的诉讼证据材料。

阅读卷宗不是初步检验鉴定的必经步骤，鉴定人可以根据受理鉴定过程中了解到的案情以及个人经验、鉴定事项等，确定是否需要查阅卷宗，认为需要查阅卷宗的，委托方应当提供查阅卷宗的便利。鉴定人通过查阅卷宗，可以了解相关案情、与司法会计鉴定相关的诉讼情节等，通过查阅卷宗发现鉴定材料不足时，应当要求委托方补充；如果发现司法会计检查中存有重要技术缺陷，并可能影响鉴定材料的完备性或鉴定材料质量的，应当建议委托方进行补充检查。

第二，检测鉴定材料质量。检测鉴定材料质量是指鉴定人通过检查、测试委托方提供的鉴定材料内容，判明检验鉴定的难易程度以及可能需要增加的非常规检验项目，为制定详细检验鉴定方案获取必要的信息。

鉴定人应当根据作出初步鉴定意见和制定详细检验鉴定方案的需要，确定具体的检测项目，如：主要鉴定材料的质量检测；账务处理水平的检测；特殊账户性质的检测；会计标准类型的检测；其他与作出初步鉴定意见有关的检测项目。

鉴定材料质量如何，不仅会涉及鉴定意见的质量，还会影响鉴定是否能够进行的问题。因此，鉴定人应当根据案情、鉴定事项等认真确定具体鉴定检测项目。

第三，作出初步鉴定意见。鉴定人在阅读卷宗、检测鉴定材料质量和获取必要的补充鉴定材料后，应当对已掌握的信息进行分析研究，并作出是否继续实施鉴定和初步鉴定意见。

鉴定人确定是否继续实施鉴定，通常需要专业经验，判断未来作出明确的鉴定意见所需的基本证据是否已经或能够获取，鉴定材料的质量能否达到要求等，包括下列情形：已有的基本证据比较充裕，且鉴定材料质量尚好，确定继续实施鉴定；现有基本证据尚难以满足实现鉴定事项的需要，但存在补充证据可能的，可以要求委托方补充鉴定材料，并确定继续实施鉴定，其中，如果仅根据现有鉴定材料无法继续鉴定工作，可以暂时中止鉴定，待收到补充证据后再确定是否继续实施鉴定；现有的基本证据有明显的缺陷，且无法通过补充证据予以弥补的，确定终结鉴定。

鉴定人确定中止或终结鉴定的（下同），应当制作《中止鉴定通知书》或《终结鉴定通知书》通知委托方，并说明中止或终结鉴定的理由。

鉴定人确定继续鉴定的，应当根据初步检验的情况，针对鉴定事项作出初步鉴定意见，以便拟定详细检验鉴定方案。

第四，制定详细检验鉴定方案。鉴定人在作出初步鉴定意见后，应当制定详细检验鉴定方案，即根据鉴定材料状况及初步鉴定意见所编制的进行详细检验鉴定的计划。应当包括（但不限于）下列内容：设定鉴定原理、方法，即鉴定所采用的主要标准基本方法、鉴定技巧、鉴定路线等；设定具体的检验分析项目，即司法会计鉴定中需要进行检验分析的技术事项的类型，即对哪些财务会计业务涉及的哪些财务会计资料进行检验；设定具体的检验方法，即检查、验证财务会计资料及相关证据的技术方法，如核对、复算等方法；设定检验分析项目的目的与要求，包括为什么实施该项目检验、检验应当取得的结果是什么、如果检验结果不符合要求需要进行哪些处理等；设定检验分析结果的汇总顺序；确定鉴定人员的工作分工；明确检验中需要特别注意的事项。

鉴定人制定详细检验鉴定方案时，可以参照下列步骤进行：根据初步鉴定意见及鉴定材料质量，设定鉴定原理，明确本项鉴定所采用的主要标准、鉴定方法、鉴定技巧、鉴定路线；根据鉴定原理及鉴定事项的具体情况，设定具体的检验分析项目，并明确各检验分析项目所要达到的目的、要求；根据具体检验分析项目与初步鉴定意见的关系，设定对各个检验分析项目进行检验分析的顺序；对内容较为复杂的检验分析项目，根据该项目的具体构成及鉴定材料特点，设定该项目的具体检验分析的方法与步骤；设定其他需要明确的检验分析事项，如对可能难以实现的检验项目的调整、无法取得相应检验结果时的具体对策、检验鉴定的分工等。

鉴定人可以根据检验分析内容的需要设计鉴定表格，用来记录、汇总详细检验鉴定的过程和结果，作为司法会计鉴定文书的工作底稿或附件。

③详细检验鉴定阶段

详细检验鉴定阶段通常包括以下程序：检验鉴定材料和提出鉴别

分析意见。

第一，检验鉴定材料，即对检验分析项目所涉及的鉴定材料进行具体的检验，并取得检验结果。

首先，根据检验项目的目的要求，采用相应的检验方法查验有关鉴定材料对检验分析项目的记载情况，并就鉴定材料本身所存在的对同一财务会计事项的关联记录、矛盾或差异进行鉴别分析，确定该项目的检验结果。

其次，对有关财务会计核算结果或核算错误进行研究、分析和鉴别。

最后，将检验所见与鉴别、分析、论证结果录入鉴定表格，并根据鉴定表格的设计要求，计算出有关的数据，形成最终的检验结果。

第二，提出鉴别分析意见，即根据各检验分析项目的检验所见及目的要求，鉴别、分析检验结果，判断该检验结果是否符合详细检验鉴定方案的要求，并非是鉴定意见，而是司法会计鉴定人员对具体的检验分析项目实施详细检验后，对该项检验结果进行鉴别分析所作的结论性意见。

鉴别分析意见，通常包括以下几点内容：对检验中发现的财务会计错误的鉴别分析意见；对除财务会计错误以外的检验结果的鉴别分析意见；检验结果对其他检验分析项目的影响、检验结果对初步鉴定意见的影响等的分析评断意见。

详细检验阶段应当注意以下事项：注意及时补充和修正检验鉴定方案；注意对直接证据的内容进行全面地验证；注意对检验结果进行复验；注意鉴别账务处理的合理性。

鉴定人在详细检验过程中发现鉴定材料存在影响作出鉴定意见的重大缺陷时，应当分别作出如下处理：发现鉴定材料不足时，应当通知委托方补充鉴定材料；发现鉴定材料存在重大缺陷，在收到补充鉴定材料之前无法继续进行检验的，可以中止鉴定；发现鉴定材料存在重大缺陷且无法通过补充证据予以弥补，已经导致无法作出鉴定意见的，应当终结鉴定。

④制作鉴定文书阶段

制作鉴定文书阶段通常包括以下程序：确定鉴定意见；制作鉴定文书；发出鉴定文书；存档。

第一，确定鉴定意见。

鉴定人完成详细检验分析程序后，通过汇总和研究检验及鉴别、分析结果，确认初步鉴定意见或经过修订的鉴定意见的科学性和可靠性。

鉴定人确定鉴定意见后，应当根据鉴定原理和鉴定证据对鉴定意见的内容和依据进行必要的复核。

鉴定人应当根据鉴定证据的证明程度和可采用鉴定标准的唯一性等情况，确定鉴定意见的类型。

鉴定意见的类型主要包括：确定性鉴定意见和限定性鉴定意见。但不得根据委托方的意愿修订已经作出的鉴定意见。

鉴定人作出鉴定意见后，可以口头通知委托方，并就鉴定文书需要强调说明和论证的事项征求委托方的意见，但不得根据委托方的意愿修订已经作出的鉴定意见。

鉴定人在复核鉴定意见中发现鉴定意见的范围与鉴定事项的范围不相符合时，应当考虑与委托方协商修订鉴定事项。委托方不同意修订鉴定事项的，鉴定人应当调整鉴定意见的范围；不能作出调整的，应当告知委托方无法作出鉴定意见。

第二，制作鉴定文书。

鉴定人在作出鉴定意见后，应当制作司法会计鉴定文书或者在鉴定笔录中签名，以书面形式提供司法会计鉴定意见。

鉴定人制作鉴定文书时，应当根据司法会计鉴定意见的类型，选择相适应的鉴定文书类型。

将鉴定表格作为鉴定文书附件使用的，鉴定人应当按照鉴定文书的表述顺序进行整理并编号。

鉴定人对鉴定文书中所需引用的各种证据材料应当全部复制，并按照鉴定文书的表述顺序加以整理。

第三，发出鉴定文书。

鉴定人制作鉴定文书后，应当按照本机构规定的签发程序，办理签发手续，并加盖本机构业务专用章。

鉴定人应当将司法会计鉴定文书，连同应当退回的鉴定材料一并送达委托方，并办理送达手续。

鉴定文书出具后，被发现有明显的鉴定错误需要修正鉴定意见的，鉴定人可以根据司法机关的书面通知，实施补充鉴定，出具补充鉴定意见文书，对原鉴定意见作出修正。

鉴定文书出具后，被发现有明显的鉴定错误但无法补充鉴定的，鉴定人应当向委托方或使用该鉴定意见的诉讼机关发出书面通知，撤销该鉴定文书。

第四，存档。

鉴定人应当在案件诉讼结束后，按照所在机构的规定，将鉴定文书的副本、工作记录、证据材料等整理成卷，一并归档。

（2）司法会计鉴定的特别程序

补充鉴定、鉴定复核和重新鉴定的定义同本书“一、司法会计审计鉴定综述”中“（一）司法会计鉴定业务概述”下“4.司法会计鉴定的分类”中对应名词解释。

①补充鉴定程序

补充鉴定程序包括启动、受理、补充检验和制作补充鉴定文书等步骤。

②鉴定复核程序

鉴定复核程序包括启动、受理、复核性检验和制作鉴定复核文书等步骤。

③重新鉴定程序

重新鉴定相对于鉴定人而言是初次鉴定，因此，重新鉴定程序与一般鉴定程序相同，包括启动、受理、初步检验鉴定、详细检验鉴定和制作鉴定文书等步骤。

除了上述程序外，某些案件司法会计鉴定还会有鉴定人出庭参与对鉴定意见质证的后续程序。

鉴定人出庭质证，是指鉴定人出具鉴定意见后，依据法律规定和法院的通知，出席法庭，亲自宣读鉴定意见并回答法庭各方提出问题的一项法庭调查活动。

鉴定人出庭参与质证，是鉴定人的诉讼义务，但这一义务的履行应当以审判机关的出庭通知为前提。鉴定人出席法庭前通常应做好出庭准备工作，主要包括准备文件、重温案情及检验鉴定情况、制作鉴定说明、制作出庭答辩提纲等准备事项。

随着我国法治社会的不断发展和社会经济活动的日益复杂，司法会计鉴定已经成为法律诉讼中不可或缺的一项重要内容，司法会计鉴定理论还有待进一步扩展和完善，制定统一和规范的执业标准，给鉴定人提供执业依据。

12. 司法会计鉴定风险

司法会计鉴定风险，通常由司法会计鉴定结果和相关诉讼行为而引发。与司法会计鉴定结果和相关诉讼行为相联系的司法会计鉴定风险，包括诉讼风险和责任风险两个方面。

（1）司法会计鉴定的诉讼风险

司法会计鉴定的诉讼风险，是指由于司法会计鉴定的结果而导致不良诉讼后果的可能性。司法会计鉴定的结果一般为鉴定意见，即鉴定人对提请鉴定的财务会计问题所作的结论性意见。也有一些特例情形，比如当鉴定人无法作出相应的鉴定意见时，可以根据委托方的要求，就鉴定情况作出客观如实描述，为委托方及当事人提供参考。

司法会计鉴定的结果通常会被作为诉讼证据材料用作定案的根据。当这些被作为定案根据的诉讼证据材料存在重大缺陷时，就可能导致使用者对案件事实的认识产生错误，进而产生错诉错判等不良诉讼后果。所谓重大缺陷，是指鉴定意见等诉讼证据材料不符合科学性和客观性的要求，主要表现为由于鉴定材料、检验过程存在偏差而导致检验结果不实，进而导致的鉴定意见不科学或检验意见不实；由于鉴别判断出现偏差而导致的鉴定意见不科学等。

（2）司法会计鉴定的责任风险

司法会计鉴定的责任风险，是指由于鉴定过程发生责任行为而要求鉴定人承担责任的可能性。司法会计鉴定过程通常包括受理、初步检验鉴定、详细检验鉴定、制作鉴定意见，广义上还包括鉴定人出庭。在鉴定过程中，由于鉴定人的故意或过失而未按照法律规定及技术规程实施检验鉴定的行为，我们称之为责任行为。鉴定人实施了责任行为就要面临承担相应的责任。目前，鉴定人对其责任行为所需承担的责任包括技术责任和民事责任。

鉴定人实施了责任行为并导致一定的后果，肯定会引发责任风险，除责任行为本身外，责任行为的后果往往是追究责任行为的必要条件。司法会计鉴定责任行为的后果包括直接后果和间接后果。

直接后果，是指由于责任行为的发生而直接导致的不良后果，包括直接不良诉讼后果和其他直接不良后果。直接不良诉讼后果，如：作出不科学的鉴定意见；作出不客观的鉴定意见；作不出鉴定意见；鉴定意见无法被作为证据使用。其他直接不良后果，如：直接造成鉴定材料丢失；直接导致鉴定机构的名誉损害等。

间接后果，是指由于责任行为的直接后果而引发的其他不良后果，包括间接不良诉讼后果和其他间接不良后果。间接不良诉讼后果，如导致错误判决；其他间接不良后果，如引发上访。

司法会计鉴定出现诉讼风险时，鉴定人是否需要承担责任的问题，不能一概而论。这主要是因为诉讼风险的出现包含了不同的因素。司法会计鉴定责任行为的发生可以导致诉讼风险，并需要鉴定人承担责任。但司法会计鉴定诉讼风险的存在并不仅以责任行为的存在而存在，即使没有发生责任行为发生的，司法会计鉴定也会存在诉讼风险。这是因为司法会计鉴定同其他司法鉴定活动一样，是建立在一些假定基础上进行的，由于假定的存在，因而人们不能要求司法会计鉴定意见像言词证据、书证那样具备客观性，因不能保证司法会计鉴定意见的客观性，所以以鉴定意见为依据进行的诉讼其诉讼风险也就在所难免。但司法会计鉴定意见属于法庭科学证据，因而必须具备科学性，否则由此而导致的诉讼风险，鉴定人就应当承担责任。换句话说，司法会计鉴定意见的科学性，是以相应的技术规程作保证的，如果鉴定人实施了责任行为，就会导致相应的鉴定意见失去科学性，由此而引发的不良诉讼后果就应当由鉴定人承担相应的责任。

司法会计鉴定风险按照产生的原因不同，可以分为固有风险、操作风险和干预风险。

①固有风险

固有风险，是指与司法会计鉴定操作无关的风险，主要是指由于司法会计鉴定前提条件原因而产生的司法会计鉴定风险。

司法会计鉴定与其他司法鉴定一样，其鉴定活动都是建立在一定假定前提条件基础上进行的。由于司法会计假定前提条件只是一种共识，而不是被证明的事实，因此，当客观事实与假定前提不相符时，就会产生司法会计鉴定风险。客观上尚不具备相应的假定前提条件，鉴定中又无法证明的情形是可以想象的一种客观存在。例如：财务真实，是进行司法会计鉴定所必须具备的前提条件，而实际上许多虚假的财务凭证很难通过司法会计技术的运用而发现。因此，在财务真实假定下进行鉴定，肯定会存在着一定的风险。

②操作风险

操作风险，是指与鉴定人操作有关的司法会计鉴定风险。操作风险通常是因鉴定人操作不当而产生。这种风险存在于司法会计鉴定操作的全过程。

第一，受理鉴定时的操作风险。常见的情形有：

Ⅰ未办理司法会计鉴定受案手续，擅自受案，直接引发责任风险。

Ⅱ未办理必要的鉴定材料接收手续，这种情形中至少存在连带责任风险；人民法院委托鉴定的民事诉讼中案件，鉴定人若对未经质证的鉴定材料实施鉴定，存在违反相关法律法规的风险。

Ⅲ超范围受理鉴定。司法机关提请鉴定的问题超出司法会计鉴定的范围，而鉴定人贸然受理，直接导致司法会计鉴定要求内容违法或不科学；鉴定准备阶段没有获取适当的引用技术标准，在鉴定中采用了类似标准或假设标准，导致鉴定意见不科学。

第二，初步检验鉴定过程中的操作风险。常见的情形有：

Ⅰ没有进行鉴定材料的审验，导致详细检验鉴定方案设计有误，进而导致后来的鉴定工作出现差错。

Ⅱ没有作出初步鉴定意见。直接根据初步检验鉴定结果制作鉴定意见。产生这类操作错误的主要原因是鉴定人分不清司法会计鉴定与司法会计检查的程序差异，根据查账结果便出具了所谓鉴定意见，缺少了司法会计鉴定必需的详细检验鉴定阶段，一旦初步检验鉴定结果存在瑕疵，便可导致鉴定意见出现问题。

Ⅲ没有设计详细检验鉴定方案。这种情形中极易导致详细检验鉴定阶段的检验分析项目不完备（即未实施必要的检验分析项目），致使一些必要的事项未能进行验证，由此可引发鉴定失误。

第三，实施详细检验鉴定过程中的操作风险。常见的情形有：

Ⅰ未按照常规进行必要的检验，遗漏重要检验事项，导致检验结果存在重大瑕疵，进而导致鉴定失误。

Ⅱ由于检验不细致导致检验结果失真，进而导致鉴定失误。

Ⅲ直接识别财务凭证内容的真实性，导致检验结果本身含有推测结果，进而影响鉴定意见的可靠性。根据财务会计资料证据的识别分工原则，财务凭证内容真实性的识别通常应当由案件承办人员负责，鉴定人不能取而代之。

第四，鉴别判断中的操作风险。常见的情形有：

Ⅰ缺少必要的检验分析结果的情况下进行鉴别判定。已经发现检验分析结果不能满足初步鉴定意见的需要，通过随意地取舍检验分析结果，以“满足”初步鉴定意见的需要，进而导致鉴定意见不科学。这实际上是有意识地冒着风险进行鉴别判断工作。

Ⅱ未按一般公认的判定标准进行鉴别判断。例如，引用技术标准选择错误，会直接导致鉴定意见失去科学性；在缺乏一般公认判定标准时，根据假设的标准进行鉴别判断。

Ⅲ根据言词证据作出鉴定意见。根据司法会计鉴定证据原理，言词证据由于其不具备基本证据的可验证性、可靠性和稳定性，只能作为参考证据。如果根据这类证据作出鉴定意见，其意见的科学性和可靠性都没有保障。

Ⅳ推理错误。司法会计鉴定是一个鉴别判断的过程，鉴定意见与检验意见的区别点也在于前者属于推理的意见，后者则是对实际检验所见的汇总归纳。因此，推理在鉴别判断财务会计问题中有着至关重要的作用。如果推理出现错误，便可能会引发鉴定意见的质量问题。

第五，制作鉴定意见时的风险。常见的情形有：

Ⅰ超出司法会计鉴定范围出具鉴定意见，这会直接引发鉴定意见不被采信的诉讼风险；同样的出具限定性意见鉴定书，也可能会引发鉴定意见不被采信的诉讼风险。

Ⅱ由于文字语言表达能力不足、书写误笔等原因，导致文书表达错误。

Ⅲ文书类型使用错误，例如：应当出具鉴定意见书的情形，出具了检验意见报告，会被认为意见出现了“推不出”的逻辑错误，进而导致意见不被采信。

③干预风险

干预风险，是指与负责鉴定的鉴定人以外的人干预有关的司法会计鉴定风险，其主要是由于存在不正当干预而产生。司法会计鉴定中存在的干预风险主要有：

第一，内部干预形成的风险。鉴定机构内部的干预，是指有些当事人与鉴定机构领导或内部其他人存在某种经济利益关系，鉴定机构内部人员对鉴定人的鉴定工作进行干预，以出具对某些当事人有利的鉴定意见书，就有可能引发日后的诉讼风险或责任风险。

第二，外部干预形成的风险。司法机关或当事人的干预，主要表现为司法机关或当事人要求负责司法会计鉴定的鉴定人提供对自己处理案件有利的鉴定意见，如果鉴定人采取附和司法机关或当事人要求的做法，就可能引发诉讼风险。

（二）注册会计师审计鉴证业务概述

1. 审计的产生

公司制度产生于19世纪中期，与之相对应，注册会计师制度也产生于这一时期。注册会计师制度源于企业所有权和经营权的分离（简称“两权分离”），特别是股份有限公司的出现。随着“两权分离”，所有者不再直接参与企业的日常经营管理，这就产生了所有者如何对经营者的行为进行监督和控制的问题，由此产生了经营者定期通过财务报表向所有者报告财务状况和经营成果的需要。财务报表是由企业管理层编制和提供的，其自身利益通常与企业的财务状况与经营成果挂钩，需要由独立的第三方——注册会计师对财务报表进行审计，出具客观、公正的审计报告。

2. 注册会计师行业的发展

我国注册会计师制度出现于20世纪初，伴随着民族资本工商业的发展而产生。中华人民共和国成立初期，随着对资本主义工商业社会主义改造的完成，建立起高度集中的计划经济体制，注册会计师制度一度中断。1978年，我国实行“对外开放、对内搞活”改革开放政策，外国投资者大量涌入。为保护投资者利益，迫切需要恢复注册会计师制度。1980年12月，我国开始重建注册会计师制度，并取得了较快的发展。随着我国以建立社会主义市场经济体制为导向的改革不断深入，注册会计师发挥的作用越来越大，服务领域遍布经济生活的各个方面，涉及公司设立验资、变更登记验资、改组上市和年度财务报表审计、内部控制审计等诸多领域。注册会计师除提供审计鉴证服务外，还为企业提供管理咨询、会计服务、代理纳税等服务。

3. 注册会计师业务的分类

注册会计师执行的业务分为鉴证业务和相关服务两类。鉴证业务是指注册会计师对鉴证对象信息提出结论，以增强除责任方之外的预期使用者对鉴证对象信息信任程度的业务。包括历史财务信息审计业务、历史财务信息审阅业务和其他鉴证业务。相关服务包括代编财务信息、对财务信息执行商定程序、税务咨询和管理咨询等。

鉴证业务分为基于责任方认定的业务和直接报告业务。

在基于责任方认定的业务中，责任方对鉴证对象进行评价或计量，鉴证对象信息以责任方认定的形式为预期使用者获取。如在财务报表审计中，被审计单位管理层（责任方）对财务状况、经营成果和现金流量（鉴证对象）进行确认、计量和列报（评价或计量）而形成的财务报表（鉴证对象信息）即为责任方的认定，该财务报表可为预期报表使用者获取，注册会计师针对财务报表出具审计报告。这种业务属于基于责任方认定的业务。

在直接报告业务中，注册会计师直接对鉴证对象进行评价或计量，或者从责任方获取对鉴证对象评价或计量的认定，而该认定无法为预期使用者获取，预期使用者只能通过阅读鉴证报告获取鉴证对象信息。如在内部控制鉴证业务中，注册会计师可能无法从管理层（责任方）获取其对内部控制有效性的评价报告（责任方认定），或虽然注册会计师能够获取该报告，但预期使用者无法获取该报告，注册会计师直接对内部控制的有效性（鉴证对象）进行评价并出具鉴证报告，预期使用者只能通过阅读该鉴证报告获得内部控制有效性的信息（鉴证对象信息）。这种业务属于直接报告业务。

4. 鉴证业务适用准则

注册会计师执行鉴证业务时，应当遵守《中国注册会计师鉴证业务基本准则》，并根据具体业务情况适用依据基本准则制定的审计准则、审阅准则和其他鉴证业务准则，同时应当遵守相关职业道德要求和会计师事务所质量管理相关准则。

（1）审计准则

审计准则适用于注册会计师执行财务报表审计业务，当执行其他历史财务信息审计业务时，注册会计师可以根据具体情况遵守适用的相关审计准则，以满足此类业务的要求。

审计准则中的财务报表是指依据某一财务报告编制基础对被审计单位历史财务信息作出的结构性表述，旨在反映某一时点的经济资源或义务，或者某一时期经济资源或义务的变化。财务报表通常是指整套财务报表，有时也指单一财务报表。披露包括财务报告编制基础所要求的、明确允许的或者由于其他原因（如实务惯例）作出的解释性或描述性信息。披露是财务报表不可分割的组成部分，通常包括在财务报表附注中，也可能在财务报表表内反映，或者通过财务报表的交叉索引作出提示。

历史财务信息，是指以财务术语表述的某一特定实体的信息，这些信息主要来自特定实体的会计系统，反映了过去一段时间内发生的经济事项，或者过去某一时点的经济状况或情况。

适用的财务报告编制基础，是指法律法规要求采用的财务报告编制基础；或者管理层和治理层（如适用）在编制财务报表时，就被审计单位性质和财务报表目标而言，采用的可接受的财务报告编制基础。

财务报告编制基础分为通用目的编制基础和特殊目的编制基础。通用目的编制基础，是指旨在满足广大财务报表使用者共同的财务信息需求的财务报告编制基础，主要是指会计准则和会计制度。特殊目的编制基础，是指旨在满足财务报表特定使用者财务信息需求的财务报告编制基础，包括计税核算基础、监管机构的要求和合同约定等。

（2）审阅准则

审阅准则规范注册会计师执行财务报表审阅业务，主要通过询问和分析程序获取充分、适当的证据，作为得出审阅结论的基础。由于实施审阅程序不能提供在财务报表审计中要求的所有证据，审阅业务对所审阅的财务报表不存在重大错报提供有限保证，注册会计师应当以消极方式提出结论。

（3）其他鉴证业务准则

其他鉴证业务准则共两项，其中：第3101号规范注册会计师执行历史财务信息审计或审阅以外的鉴证业务；第3111号规范注册会计师执行预测性财务信息审核业务。

5. 鉴证业务的目标和保证程度

鉴证业务的保证程度分为合理保证和有限保证。

合理保证的鉴证业务的目标是注册会计师将鉴证业务风险降至该业务环境下可接受的低水平，以此作为以积极方式提出结论的基础。如在历史财务信息审计中，要求注册会计师获取充分、适当的审计证据将审计风险降至可接受的低水平，对审计后的历史财务信息提供高水平保证（合理保证），在审计报告中对历史财务信息采用积极方式提出结论。这种业务属于合理保证的鉴证业务。

但需要注意的是合理保证提供的保证水平低于绝对保证。由于下列因素的存在，将鉴证业务风险降至零几乎不可能，也不符合成本效益原则：

（1）选择性测试方法的运用。注册会计师要在合理的时间内以合理的成本完成鉴证任务，通常只能采用选取特定项目和抽样等选择性测试的方法对鉴证对象信息进行检查。选取特定项目实施鉴证程序的结果不能推断至总体，抽样也可能产生误差，在采用这两种方法的情况下，都不能百分之百地保证鉴证对象信息不存在重大错报。

（2）内部控制的固有局限性。例如，在决策时的人为判断可能出现错误和由于人为失误而导致内部控制失效；内部控制可能由于两个或更多的人员进行串通或管理层凌驾于内部控制之上，而使内部控制被规避。小型企业拥有的员工通常较少，限制了其职责分离的程度，业主凌驾于内部控制之上的可能性更大。

（3）大多数证据是说服性而非结论性的。证据的性质决定了注册会计师依靠的并非是完全可靠的证据。不同类型的证据，其可靠程度存在差异，即使是可靠程度最高的证据也有其自身的缺陷。例如，对应收账款进行函证，虽然提供的证据相对比较可靠，但受到被询证者是否认真对待询证函、是否能够保持独立性和客观性、是否熟悉所函证事项等诸多因素的影响。尽管注册会计师在设计询证函时要考虑这些因素，但是很难能百分之百地保证函证结果的可靠性。

（4）在获取和评价证据以及由此得出结论时涉及大量判断。在获取证据时，注册会计师可以选择获取何种类型和何种来源的证据；获取证据之后，注册会计师要依据职业判断，对其充分性和适当性进行评价；最后依据证据得出结论时，更是离不开注册会计师的职业判断。

（5）在某些情况下鉴证对象具有特殊性。例如，鉴证对象是矿产资源的储量、艺术品的价值、计算机软件开发的进度等。

有限保证的鉴证业务的目标是注册会计师将鉴证业务风险降至该业务环境下可接受的水平，以此作为以消极方式提出结论的基础。如在历史财务信息审阅中，要求注册会计师将审阅风险降至该业务环境下可接受的水平（高于历史财务信息审计中可接受的低水平），对审阅后的历史财务信息提供低于高水平的保证（有限保证），在审阅报告中对历史财务信息采用消极方式提出结论。这种业务属于有限保证的鉴证业务。

为正确理解鉴证业务准则中的保证概念，有必要对绝对保证、合理保证和有限保证作一界定。绝对保证，是指注册会计师对鉴证对象信息整体不存在重大错报提供百分之百的保证。合理保证，是一个与积累必要的证据相关的概念，它要求注册会计师通过不断修正的、系统的执业过程，获取充分、适当的证据，对鉴证对象信息整体得出结论，提供一种高水平但非百分之百的保证。与合理保证相比，有限保证在证据收集程序的性质、时间、范围等方面受到有意识的限制，它提供的是一种适度水平的保证。可以看出，三者提供的保证水平逐次递减。

6. 鉴证业务的承接

（1）鉴证对象

鉴证对象具有不同特征，可能表现为定性或定量、客观或主观、历史或预测、时点或期间。这些特征将对下列方面产生影响：

①按照标准对鉴证对象进行评价或计量的准确性；

②证据的说服力。

通常，如果鉴证对象的特征表现为定量的、客观的、历史的或时点的，评价和计量的准确性相对较高，注册会计师获取证据的说服力相对较强，相应地，对鉴证对象信息提供的保证程度也较高。

适当的鉴证对象应当同时具备下列条件：

①鉴证对象可以识别；

②不同的组织或人员对鉴证对象按照既定标准进行评价或计量的结果合理一致；

③注册会计师能够收集与鉴证对象有关的信息，获取充分、适当的证据，以支持其提出适当的鉴证结论。

（2）鉴证对象信息

鉴证对象信息是按照标准对鉴证对象进行评价和计量的结果。如责任方按照会计准则和相关会计制度（标准）对其财务状况、经营成果和现金流量（鉴证对象）进行确认、计量和列报（包括披露）而形成的财务报表（鉴证对象信息）。鉴证对象信息应恰当反映既定标准运用于鉴证对象的情况。如果没有按照既定标准恰当反映鉴证对象的情况，鉴证对象信息可能存在错报，而且可能存在重大错报。

（3）鉴证对象与鉴证对象信息的形式

鉴证对象与鉴证对象信息具有多种形式，主要包括：①当鉴证对象为财务业绩或状况时（如历史或预测的财务状况、经营成果和现金流量），鉴证对象信息是财务报表；②当鉴证对象为非财务业绩或状况时（如企业的运营情况），鉴证对象信息可能是反映效率或效果的关键指标；③当鉴证对象为物理特征时（如设备的生产能力），鉴证对象信息可能是有关鉴证对象物理特征的说明文件；④当鉴证对象为某种系统和过程时（如企业的内部控制或信息技术系统），鉴证对象信息可能是关于其有效性的认定；⑤当鉴证对象为一种行为时（如遵守法律法规的情况），鉴证对象信息可能是对法律法规遵守情况或执行效果的声明。

（4）标准

标准是指用于评价或计量鉴证对象的基准，当涉及列报时，还包括列报的基准。标准可以是正式的规定，如编制财务报表所使用的会计准则和相关会计制度；也可以是某些非正式的规定，如单位内部制定的行为准则或确定的绩效水平。标准可能是由法律法规规定的，或由政府主管部门或国家认可的专业团体依照公开、适当的程序发布的，也可能是专门制定的。采用标准的类型不同，注册会计师为评价该标准对于具体鉴证业务的适用性所需执行的工作也不同。

注册会计师在运用职业判断对鉴证对象作出合理一致的评价或计量时，需要有适当的标准。

适当的标准应当具备下列所有特征：

①相关性：相关的标准有助于得出结论，便于预期使用者作出决策；

②完整性：完整的标准不应忽略业务环境中可能影响得出结论的相关因素，当涉及列报时，还包括列报的基准；

③可靠性：可靠的标准能够使能力相近的注册会计师在相似的业务环境中，对鉴证对象作出合理一致的评价或计量；

④中立性：中立的标准有助于得出无偏向的结论；

⑤可理解性：可理解的标准有助于得出清晰、易于理解、不会产生重大歧义的结论。

注册会计师基于自身的预期、判断和个人经验对鉴证对象进行的评价和计量，不构成适当的标准。

标准应当能够为预期使用者获取，以使预期使用者了解鉴证对象的评价或计量过程。标准可以通过下列方式供预期使用者获取：

①公开发布；

②在陈述鉴证对象信息时以明确的方式表述；

③在鉴证报告中以明确的方式表述；

④常识理解，如计量时间的标准是小时或分钟。

如果确定的标准仅能为特定的预期使用者获取，或仅与特定目的相关，鉴证报告的使用也应限于这些特定的预期使用者或特定目的。

（5）鉴证业务承接

在接受委托前，注册会计师应当初步了解业务环境。

业务环境包括业务约定事项、鉴证对象特征、使用的标准、预期使用者的需求、责任方及其环境的相关特征，以及可能对鉴证业务产生重大影响的事项、交易、条件和惯例等其他事项。

在初步了解业务环境后，只有认为符合独立性和专业胜任能力等相关职业道德规范的要求，并且拟承接的业务具备下列所有特征，注册会计师才能将其作为鉴证业务予以承接：

①鉴证对象适当。

②使用的标准适当且预期使用者能够获取该标准。

③注册会计师能够获取充分、适当的证据以支持其结论。

④注册会计师的结论以书面报告形式表述，且表述形式与所提供的保证程度相适应。

⑤该业务具有合理的目的。如果鉴证业务的工作范围受到重大限制，或委托人试图将注册会计师的名字和鉴证对象不适当地联系在一起，则该业务可能不具有合理的目的。

当拟承接的业务不具备上述鉴证业务的所有特征，不能将其作为鉴证业务予以承接时，注册会计师可以提请委托人将其作为非鉴证业务（如商定程序、代编财务信息、管理咨询、税务服务等相关服务业务），以满足预期使用者的需要。

7. 鉴证业务的证据

注册会计师应当以职业怀疑态度计划和执行鉴证业务，获取有关鉴证对象信息是否不存在重大错报的充分、适当的证据。注册会计师在计划和执行鉴证业务，尤其在确定证据收集程序的性质、时间和范围时，应当考虑重要性、鉴证业务风险以及可获取证据的数量和质量。

（1）职业怀疑态度

职业怀疑态度，是指注册会计师以质疑的思维方式评价所获取证据的有效性，并对相互矛盾的证据，以及引起对文件记录或责任方提供的信息的可靠性产生怀疑的证据保持警觉。

鉴证业务通常不涉及鉴定文件记录的真伪，注册会计师也不是鉴定文件记录真伪的专家，但应当考虑用作证据的信息的可靠性，包括考虑与信息生成和维护相关的控制的有效性。

如果在执行业务过程中识别出的情况使其认为文件记录可能是伪造的或文件记录中的某些条款已发生变动，注册会计师应当作出进一步调查，包括直接向第三方询证，或考虑利用专家的工作，以评价文件记录的真伪。

（2）证据的充分性和适当性

证据的充分性是对证据数量的衡量，主要与注册会计师确定的样本量有关。证据的适当性是对证据质量的衡量，即证据的相关性和可靠性。所需证据的数量受鉴证对象信息重大错报风险的影响，即风险越大，可能需要的证据数量越多；所需证据的数量也受证据质量的影响，即证据质量越高，可能需要的证据数量越少。尽管证据的充分性和适当性相关，但如果证据的质量存在缺陷，注册会计师仅靠获取更多的证据可能无法弥补其质量上的缺陷。

注册会计师可以考虑获取证据的成本与所获取信息有用性之间的关系，但不应仅以获取证据的困难和成本为由减少不可替代的程序。在评价证据的充分性和适当性以支持鉴证报告时，注册会计师应当运用职业判断，并保持职业怀疑态度。

（3）重要性

如果适用的财务报告编制基础未对重要性概念作出规定，重要性概念可从以下方面进行理解：

①如果合理预期错报（包括漏报）单独或汇总起来可能影响财务报表使用者依据财务报表作出的经济决策，则通常认为错报是重大的。

②对重要性的判断是根据具体环境作出的，并受错报的金额或性质的影响，或受两者共同作用的影响。

③判断某事项对财务报表使用者是否重大，是在考虑财务报表使用者整体共同的财务信息需求的基础上作出的。由于不同财务报表使用者对财务信息的需求可能差异很大，因此不考虑错报对个别财务报表使用者可能产生的影响。

在确定证据收集程序的性质、时间和范围，评估鉴证对象信息是否不存在错报时，注册会计师应当考虑重要性。在考虑重要性时，注册会计师应当了解并评估哪些因素可能会影响预期使用者的决策。注册会计师应当综合数量和性质因素考虑重要性，在具体业务中评估重要性以及数量和性质因素的相对重要程度，需要注册会计师运用职业判断。

注册会计师运用重要性概念评价识别出的错报对审计的影响以及未更正错报对财务报表的影响。注册会计师应当累积审计过程中识别出的错报，除非错报明显微小。

（4）鉴证业务风险

鉴证业务风险是指在鉴证对象信息存在重大错报的情况下，注册会计师提出不恰当结论的可能性。在直接报告业务中，鉴证对象信息仅体现在注册会计师的结论中，鉴证业务风险包括注册会计师不恰当地提出鉴证对象在所有重大方面遵守标准的结论的可能性。

鉴证业务风险通常体现为重大错报风险和检查风险。重大错报风险是指鉴证对象信息在鉴证前存在重大错报的可能性。检查风险是指某一鉴证对象信息存在错报，该错报单独或连同其他错报是重大的，但注册会计师未能发现这种错报的可能性。注册会计师对重大错报风险和检查风险的考虑受具体业务环境的影响，特别受鉴证对象性质，以及所执行的是合理保证鉴证业务还是有限保证鉴证业务的影响。

（5）证据收集程序的性质、时间和范围

证据收集程序的性质、时间和范围因业务的不同而不同。注册会计师应当清楚表达证据收集程序，并以适当的形式运用于合理保证的鉴证业务和有限保证的鉴证业务。

在合理保证的鉴证业务中，为了能够以积极方式提出结论，注册会计师应当通过下列不断修正的、系统化的执业过程，获取充分、适当的证据：

①了解鉴证对象及其他的业务环境事项，在适用的情况下包括了解内部控制；

②在了解鉴证对象及其他的业务环境事项的基础上，评估鉴证对象信息可能存在的重大错报风险；

③应对评估的风险，包括制定总体应对措施以及确定进一步程序的性质、时间和范围；

④针对已识别的风险实施进一步程序，包括实施实质性程序，以及在必要时测试控制运行的有效性；

⑤评价证据的充分性和适当性。

无论是合理保证还是有限保证的鉴证业务，如果注意到某事项可能导致对鉴证对象信息是否需要作出重大修改产生疑问，注册会计师应当执行其他足够的程序，追踪这一事项，以支持鉴证结论。

（6）可获取证据的数量和质量

可获取证据的数量和质量受下列因素的影响：

①鉴证对象和鉴证对象信息的特征；

②业务环境中除鉴证对象特征以外的其他事项。

对任何类型的鉴证业务，如果下列情形对注册会计师的工作范围构成重大限制，阻碍注册会计师获取所需要的证据，注册会计师提出无保留结论是不恰当的：

①客观环境阻碍注册会计师获取所需要的证据，无法将鉴证业务风险降至适当水平；

②责任方或委托人施加限制，阻碍注册会计师获取所需要的证据，无法将鉴证业务风险降至适当水平。

（7）记录

注册会计师应当记录重大事项，以提供证据支持鉴证报告，并证明其已按照鉴证业务准则的规定执行业务。对需要运用职业判断的所有重大事项，注册会计师应当记录推理过程和相关结论。如果对某些事项难以进行判断，注册会计师还应当记录得出结论时已知悉的有关事实。注册会计师应当将鉴证过程中考虑的所有重大事项记录于工作底稿。在运用职业判断确定工作底稿的编制和保存范围时，注册会计师应当考虑，使未曾接触该项鉴证业务的有经验的专业人士了解实施的鉴证程序，以及作出重大决策的依据。

8. 鉴证业务的程序

审计程序是指注册会计师在审计过程中的某个时间，对将要获取的某类审计证据如何进行收集的详细指令。注册会计师面临的主要任务，就是通过实施审计程序，获取充分、适当的审计证据，以支持对财务报表发表审计意见。受到成本的约束，注册会计师不可能检查和评价所有可能获取的证据，因此对审计证据充分性、适当性的判断是非常重要的。注册会计师利用审计程序获取审计证据涉及以下四个方面的决策：（1）选用何种审计程序；（2）对选定的审计程序，应当选取多大的样本规模；（3）应当从总体中选取哪些项目；（4）何时执行这些程序。在设计审计程序时，注册会计师通常使用规范的措辞或术语，以使审计人员能够准确理解和执行。

在审计过程中，注册会计师可根据需要单独或综合运用以下审计程序，以获取充分、适当的审计证据。

（1）检查

检查，是指注册会计师对被审计单位内部或外部生成的，以纸质、电子或其他介质形式存在的记录和文件进行审查，或对资产进行实物审查。检查记录或文件可以提供可靠程度不同的审计证据，审计证据的可靠性取决于记录或文件的性质和来源，而在检查内部记录或文件时，其可靠性则取决于生成该记录或文件的内部控制的有效性。将检查用作控制测试的一个例子，是检查记录以获取关于授权的审计证据。

某些文件是表明一项资产存在的直接审计证据，如构成金融工具的股票或债券，但检查此类文件并不一定能提供有关所有权或计价的审计证据。此外，检查已执行的合同可以提供与被审计单位运用会计政策（如收入确认）相关的审计证据。

检查有形资产可为其存在提供可靠的审计证据，但不一定能够为权利和义务或计价等认定提供可靠的审计证据。对个别存货项目进行的检查，可与存货监盘一同实施。

（2）观察

观察，是指注册会计师查看相关人员正在从事的活动或实施的程序。例如，注册会计师对被审计单位人员执行的存货盘点或控制活动进行观察。观察可以提供执行有关过程或程序的审计证据，但观察所提供的审计证据仅限于观发生的时点，而且被观察人员的行为可能因被观察而受到影响，这也会使观察提供的审计证据受到限制。

（3）询问

询问，是指注册会计师以书面或口头方式，向被审计单位内部或外部的知情人员获取财务信息和非财务信息，并对答复进行评价的过程。作为其他审计程序的补充，询问广泛应用于整个审计过程中。

一方面，知情人员对询问的答复可能为注册会计师提供尚未获悉的信息或佐证证据。另一方面，对询问的答复也可能提供与注册会计师已获取的其他信息存在重大差异的信息，例如，关于被审计单位管理层凌驾于控制之上的可能性的信息。在某些情况下，对询问的答复为注册会计师修改审计程序或实施追加的审计程序提供了基础。

尽管对通过询问获取的审计证据予以佐证通常特别重要，但在询问管理层意图时，获取的支持管理层意图的信息可能是有限的。在这种情况下，了解管理层过去所声称意图的实现情况、选择某项特别措施时声称的原因以及实施某项具体措施的能力，可以为佐证通过询问获取的证据提供相关信息。

针对某些事项。注册会计师可能认为有必要向管理层和治理层（如适用）获取书面声明，以证实对口头询问的答复。

（4）函证

函证，是指注册会计师直接从第三方（被询证者）获取书面答复以作为审计证据的过程，书面答复可以采用纸质、电子或其他介质等形式。当针对的是与特定账户余额及其项目相关的认定时，函证常常是相关的程序。但是，函证不必仅仅局限于账户余额。例如，注册会计师可能要求对被审计单位与第三方之间的协议和交易条款进行函证。注册会计师可能在询证函中询问协议是否作过修改，如果作过修改，要求被询证者提供相关的详细信息。此外，函证程序还可以用于获取不存在某些情况的审计证据，如不存在可能影响被审计单位收入确认的“背后协议”。

（5）重新计算

重新计算，是指注册会计师对记录或文件中的数据计算的准确性进行核对。重新计算可通过手工方式或电子方式进行。

（6）重新执行

重新执行，是指注册会计师独立执行原本作为被审计单位内部控制组成部分的程序或控制。

（7）分析程序

分析程序，是指注册会计师通过分析不同财务数据之间以及财务数据与非财务数据之间的内在关系，对财务信息作出评价。分析程序还包括在必要时对识别出的、与其他相关信息不一致或与预期值差异重大的波动或关系进行调查。

上述审计程序基于审计的不同阶段和目的单独或组合起来，可用作风险评估程序、控制测试和实质性程序。

9. 鉴证业务报告及结论

注册会计师应当出具含有鉴证结论的书面报告，该鉴证结论应当说明注册会计师就鉴证对象信息获取的保证。

（1）在基于责任方认定的业务中，注册会计师的鉴证结论可以采用下列两种表述形式：

①明确提及责任方认定，如“我们认为，责任方作出的‘根据×标准，内部控制在所有重大方面是有效的’这一认定是公允的”。

②直接提及鉴证对象和标准，如“我们认为，根据×标准，内部控制在所有重大方面是有效的”。

（2）在直接报告业务中，注册会计师应当明确提及鉴证对象和标准。

（3）在合理保证的鉴证业务中，注册会计师应当以积极方式提出结论，如“我们认为，根据×标准，内部控制在所有重大方面是有效的”或“我们认为，责任方作出的‘根据×标准，内部控制在所有重大方面是有效的’这一认定是公允的”。

（4）在有限保证的鉴证业务中，注册会计师应当以消极方式提出结论，如“基于本报告所述的工作，我们没有注意到任何事项使我们相信，根据×标准，×系统在任何重大方面是无效的”或“基于本报告所述的工作，我们没有注意到任何事项使我们相信，责任方作出的‘根据 × 标准，× 系统在所有重大方面是有效的’这一认定是不公允的”。

对任何类型的鉴证业务，如果注册会计师的工作范围受到限制，注册会计师应当视受到限制的重大与广泛程度，出具保留结论或无法提出结论的报告。在某些情况下，注册会计师应当考虑解除业务约定。

如果存在下列情形，注册会计师应当视其影响的重大与广泛程度，出具保留结论或否定结论的报告：（1）注册会计师的结论提及责任方的认定，且该认定未在所有重大方面作出公允表达；（2）注册会计师的结论直接提及鉴证对象和标准，且鉴证对象信息存在重大错报。

在承接业务后，如果发现标准或鉴证对象不适当，可能误导预期使用者，注册会计师应当视其重大与广泛程度，出具保留结论或否定结论的报告；如果发现标准或鉴证对象不适当，造成工作范围受到限制，注册会计师应当视受到限制的重大与广泛程度，出具保留结论或无法提出结论的报告；在某些情况下，注册会计师应当考虑解除业务约定。

（三）注册会计师行业司法会计审计鉴定业务

《中国注册会计师鉴证业务基本准则》（2022年1月5日修订）第五十八条规定：“注册会计师执行司法诉讼中涉及会计、审计、税务或其他事项的鉴定业务，除有特定要求者外，应当参照本准则办理。”《中国注册会计师鉴证业务基本准则》应用指南（2022年1月17日修订）第九章解释司法鉴定业务可参照执行《中国注册会计师鉴证业务基本准则》，注册会计师在执行司法诉讼的过程中可能会涉及会计、审计、税务或其他事项的鉴定业务。司法诉讼虽然具有一定的特殊性，但本准则规定的一些基本原则对注册会计师执行此类业务具有原则性的指导意义。

根据上述准则规定和指南解释，编者作如下解读，供参考，不能代替注册会计师的职业判断，实务中仍需根据具体情形作出选择，以财政部和中国注册会计师协会的规定和解释为准。

第一，注册会计师可以承接承做的司法鉴定业务不止司法会计鉴定，还有司法审计鉴定、司法税务鉴定以及其他事项的司法鉴定。会计、审计、税务以及其他事项只是鉴定事项所涉及的专业服务领域不同，是一种分类。目前，司法领域没有对此进行细分，皆用“司法会计鉴定”这一大的分类来概括表达了财务会计、审计税务及其他财会经济类的鉴定，而这些领域都是注册会计师驾轻就熟的专业服务，这也是本书一开始“一、司法会计审计鉴定综述”先从狭义司法角度阐述法律法规领域对于司法会计鉴定的现行主流观点和认识的原因，再来阐释注册会计师行业的广义宽泛的司法会计审计乃至税务以及其他事项的鉴定就比较容易理解了。本书书名取“司法会计审计鉴定”，也只是告诉大家别狭义理解了司法会计鉴定，不论是会计还是审计，它都是一种专业分类、一种方法论、一个待解决的鉴定事项和专门技术问题。

第二，司法会计、审计、税务及其他事项的鉴定仍然是一项鉴定业务，狭义范围来说是司法诉讼领域的鉴定业务，有其特殊性要求，应首先遵守其特定要求，即法律法规关于司法鉴定的一些程序要求等。

第三，司法会计审计鉴定在遵守司法鉴定的特定要求前提下，应参照执行鉴证业务基本准则的有关原则性规定。

另外，注册会计师业务实践中，除了法院委托的狭义的司法诉讼过程中涉及的会计鉴定业务之外，还有公安机关、监察机关、检察机关、仲裁委以及单位（包括律师事务所）或个人委托的与司法诉讼、仲裁有关的会计鉴定业务。本部分将上述业务统称为“注册会计师行业司法会计审计鉴定”（以下亦简称“司法会计鉴定”，但本部分的司法会计鉴定是广义的，不仅包括司法会计鉴定，还包括司法审计鉴定、司法税务鉴定以及注册会计师可以承做的其他事项司法鉴定，也不仅仅包括法院委托的司法鉴定，还包括其他机关或单位及个人委托的鉴定业务）。

1. 司法会计鉴定与审计的关系

通过本部分上述“（一）司法会计鉴定业务概述”和“（二）注册会计师审计鉴证业务概述”，不难看出，二者有着密切的联系，同时在概念、主体、操作程序、结果及其法律效力等方面也存在着明显的差异。

（1）司法会计鉴定与审计的联系

首先两者客体相同，均为财务会计、经济类事项及问题；两者融合，与司法会计鉴定定义中鉴证的方法相契合，同时又围绕鉴定为中心开展工作，服务于诉讼证据的需求。在具体的司法会计鉴定活动中，鉴定人需要借鉴审计的相关专业知识和技术手段如审核、比较、盘点、计算等方法来查明案件的财务事实和有关证据。这就说明，审计为司法会计鉴定提供了基本的技术手段和方法，司法会计鉴定呈现鉴定意见，其结果服务于司法。同时，审计学的发展也必将促进司法会计学的发展。

（2）司法会计鉴定与审计的差异

①概念差异

广义的司法会计鉴定指会计师事务所接受委托，指派具有司法会计专业知识的人员依照法定程序并运用会计、审计及其他相关专业知识和技能，对刑事、民事、行政及仲裁等案件涉及的与财务会计相关的事项进行专门检查或对案件所涉及的财务会计问题进行鉴别判断，并发表司法会计鉴定相应意见的法律诉讼活动。

审计，是指会计师事务所接受委托，指派专业人员依据审计标准，通过审查被审单位的财务会计资料和有关经济活动，提出意见和结论的一种经济监督、鉴证和评价活动。

根据上述定义，司法会计鉴定与审计的概念存在着以下差异：

第一，社会活动的属性不同。司法会计鉴定是一种法律诉讼活动，审计是一种社会经济监督、鉴证和评价活动。这一差异决定了司法会计鉴定活动应当符合诉讼法律的规范，而审计活动应当符合注册会计师法及审计准则的规范。

第二，对象不同。司法会计鉴定从属于法律诉讼活动，其对象仅限于案件所涉及的财务问题或会计问题；审计作为一项独立的社会活动，其对象可能同时涉及被审计单位的财务收支、财务状况、经营成果、现金流量、会计核算等需要进行经济监督的各个方面。这一差异决定了司法会计鉴定主体不能自由选择鉴定对象，而审计主体在明确审计任务的前提下可以自行选择审计对象。

第三，目的不同。司法会计鉴定的目的只是查明案情，尽管鉴定过程中会涉及对相关财务会计的事后监督或作出相关评价，但这些监督和评价并不是司法会计鉴定的目的；审计的目的则具有多样性，包括评价财务会计报告、鉴证经济业务、监督经济活动等。这一差异决定了司法会计鉴定结果仅涉及对案件涉及的某项财务会计事实的认定，而（舞弊）审计结果则涉及审计发现的所有问题。

第四，组织机构不同。司法会计鉴定是由监察机关、检察机关、公安机关、诉讼机关、行政机关、仲裁委及单位、律师事务所或个人等主持进行的，审计是由会计师事务所主持进行的。这一差异决定了司法会计鉴定与审计应当按照不同的程序实施。

第五，基本法律依据不同。司法会计鉴定是依据国家的诉讼法律的规定实施的，审计是依据国家的注册会计师法律实施的。

②主体差异

第一，主体的产生程序不同。司法会计鉴定人由监察机关、检察机关、公安机关、诉讼机关、行政机关及仲裁委委托的，不需要鉴定事项涉及单位的委托或认可，与任何单位和个人都没有委托和被委托关系。审计人员是会计师事务所接受单位或个人委托，委派其进行审计活动。

第二，主体的范围不同。司法会计鉴定人可以由监察机关、检察机关、公安机关、诉讼机关、行政机关及仲裁委委托，具有司法会计专业知识的高级会计师（审计师）和注册会计师担任；而审计只能由注册会计师进行。

第三，主体的诉讼地位不同。司法会计鉴定主体是诉讼参与人，享有法定的诉讼权利和承担法定的诉讼义务；审计主体不是法定的诉讼参与人，但如果审计主体所进行的审计事项被列为案件事实，那么审计主体将成为案件的当事人或证人。这一差异决定了司法会计鉴定主体和审计主体在法律诉讼中享有不同的诉讼权利和承担不同的诉讼义务。

第四，主体的法律责任不同。司法会计鉴定主体承担与实施鉴定有关的诉讼法律责任；审计主体承担与实施审计有关的法律责任。例如：就故意出具虚假结论性意见的刑事责任而言，司法会计鉴定主体在刑事诉讼中对与案件有重要关系的情节故意出具虚假鉴定意见的，应当承担伪证罪的刑事责任（但过失导致鉴定意见失实的不承担刑事责任）；而承担审计职责的中介组织的人员故意出具虚假审计结论的，则应当承担虚假证明文件罪的刑事责任，即使是过失出具虚假审计结论，如果具有严重不负责任并造成严重后果情节的，也需要承担出具证明文件重大失实的刑事责任。这一差异也反映出司法会计鉴定与审计的主体属性不同会形成不同的法律责任。

③操作程序差异

第一，操作环境不同。首先，司法会计鉴定在获取鉴定所需的鉴定材料并实施技术检验方面，有比审计措施更强的相关强制措施作保障；而审计显然不具备这种强制性措施，当遇有故意不提供审计证据的情形时往往束手无策，这一差异决定了司法会计鉴定有比审计更强的法律保证。其次，司法会计鉴定所需鉴定材料通常由侦查、监察、检察和审判人员获取并提供，审计证据则是由审计人员直接获取，并由被审计单位直接提供，这一差异反映出两者在获取证据材料方面有着不同的途径，并决定了司法会计鉴定主体在获取证据材料方面的自主性低于审计主体。

第二，操作手段方面的差异。首先，司法会计鉴定人只能采用技术手段（检查、计算、复核性验证等）来完成鉴定，而不能采用非技术手段进行（如讯问、询问、函证等，如需进行，应由司法人员实施，鉴定人协助）；而审计主体除技术手段外，还可依法采取各种非技术手段来完成审计任务，如询问、监盘、查询及函证等。其次，即使某些技术手段（如审计抽样、相关专业鉴定等），在司法会计鉴定中也不得运用，但审计则均可以运用这些技术手段。这一差异表明：一是司法会计鉴定在操作手段方面较审计手段而言会受到很多限制，这是基于诉讼分工和保障鉴定意见科学性的要求——司法会计鉴定人无权行使也不应当行使法律规定应当由诉讼主体实施的某些诉讼行为，即使司法会计鉴定主体实施了这些行为，其所获取的证据材料也不得作为鉴定意见的根据（因而也就没有必要实施）。二是司法会计鉴定在操作方面比审计更强调技术性，因为不能采用非技术手段，司法会计鉴定主体在操作中需要比审计更加专注技术手段的运用，进而使其所出具的鉴定意见更具有技术性和专业性的特征。

第三，操作程序方面的差异。司法会计鉴定的基本程序是先结论后验证，具体的操作程序通常包括鉴定准备（受理、受检、备检）、初步检验（阅卷、测试检材质量、作出初步鉴定意见、制定详细检验鉴定方案）、详细检验、制作鉴定意见四个阶段。审计的基本程序是先审计后结论，具体操作程序通常分为审计准备（接受委托、测试内控制度、制订审计计划)、实施审计、制作审计报告三个阶段。这一差异反映出司法会计鉴定与审计的工作思路在一般情况下是相反的——其原理在于司法会计鉴定通常是以案件调查为前提的，而审计则需要从头开始实施相关调查。

第四，处理操作过程中发现问题的差异。司法会计鉴定主体在鉴定中发现涉及案件的与鉴定有关或无关的财务舞弊等线索或证据时，应当告知委托方或建议委托方进行调查或收集、固定证据，不得自行处理；审计主体则可以自行处理审计中发现的舞弊等问题，并作出相应的结论。这一差异是由两类主体在司法会鉴定和审计中的各自地位所决定的。司法会计鉴定主体作为诉讼参与人无权处理涉案线索或证据，而审计主体则有权自行处理审计事务。

④工作结果差异

第一，文书种类差异。司法会计鉴定意见只能以司法会计鉴定文书形式即司法鉴定意见书进行表达，如果鉴定未能作出结论性意见，鉴定人应与委托方沟通，是否出具不能作为独立证据的鉴定意见书；审计意见通常采用审计报告的形式进行表达，这类报告可能是无保留意见的审计报告、非无保留意见的审计报告（即保留意见的审计报告、否定意见的审计报告和无法表示意见的审计报告）等，也可以同时出具管理建议书。因此，即使审计报告未能作出结论性意见，也必须出具审计报告，说明无法发表审计意见的理由。

第二，文书性质不同。审计报告属于鉴证业务报告。依据《中国注册会计师鉴证业务基本准则》，“鉴证业务是指注册会计师对鉴证对象信息提出结论，以增强除责任方之外的预期使用者对鉴证对象信息信任程度的业务”；司法会计鉴定属于鉴定业务，是为了查明案情，由具有专业知识的人员，对案件中涉及的财务会计资料及相关资料进行检验，对需要解决的财务会计问题进行鉴别判断，并提供意见的一项活动。

第三，工作结论在证据依据方面存在差异。首先，司法会计鉴定意见只能根据基本证据（只包括财务会计资料、财务会计资料证据和司法会计检查笔录）作出，诸如当事人陈述、证人证言、其他鉴定意见等言词证据只能作为鉴定意见的参考证据，不能作为依据，这是由司法会计鉴定意见的科学性要求所决定的；审计结论除了根据基本证据外，还可以将言词证据等视为辅助性证据作为审计结论的依据。其次，司法会计鉴定意见分为确定性意见和限定性意见，确定性意见所根据的鉴定证据必须是充分的；而审计结论均可以采用适当性原则来确定审计证据的数量即充分性。

第四，工作结论的要求方面存在差异。首先，司法会计鉴定意见具有明确的针对性，即只能就委托方提请鉴定的财务会计问题表达结论性意见，这是由司法会计鉴定任务范围所决定的；审计结论则应当依据审计准则和审计结果，由审计人员决定结论所涉及的范围。其次，司法会计鉴定人只能回答鉴定事项所列财务会计问题，不允许在鉴定意见中设定问题；审计结论通常不存在特定要求事项，所表述的内容由注册会计师根据审计目标和审计结果自定，并可以提出审计中所发现的问题而不予回答或要求被审单位答复。

第五，工作结论的范围方面存在差异。首先，司法会计鉴定意见不允许表达涉及财务会计行为人主观心理状态问题；审计结论在确认错弊时，必然涉及行为人的主观心理状态。其次，司法会计鉴定意见作为诉讼证据，其内容不允许表达建议性意见；审计结论可以（或必须）提出纠正财务会计错误的建议或要求。最后，司法会计鉴定意见不回答财务会计管理质量问题；审计结论可以对被审计单位的财务会计管理质量和水平表达评价性意见。

第六，工作结论的诉讼意义不同。司法会计鉴定意见与审计结论都可以作为诉讼证据，但在法定的诉讼证据的类型中，司法会计鉴定意见属于鉴定意见，审计结论则通常不具备诉讼法和证据法上的效力，只是对被审计单位会计工作的评价和考核，即使查处违法行为，要追究法律责任，也必须移送司法机关处理。

第七，文书内容方面存在差异。所有的司法会计鉴定文书，除需要表达检验结果外，还必须说明对鉴定意见的论证依据和论证过程，审计报告只有在特定的情况下，才被要求说明审计结论的理由。

通过上述司法会计鉴定与审计的关系，可以看出司法会计鉴定与通常意义上标准的财务报表审计鉴证业务确实不同，是两类社会事务。但换一个角度考虑，以上不同正是鉴证业务基本准则所说的特定要求，因此不要把审计和鉴定割裂开，而是将两者有机地融合在一起，既尊重司法鉴定的法律诉讼特定要求，又要用好会计审计的专业知识和技术手段，解决好专门性问题，查明案情，服务于鉴定目的。

在业务实践中，部分委托方将委托事项确定为对涉案相关事项进行“审计”，没有明确为鉴定业务，而会计师事务所则按照委托方的委托要求出具了专项“审计”报告。这种情况下，从形式上看是“审计”报告，但从实质上该业务还是属于司法会计鉴定业务，因为无论是从社会活动的属性、对象、目的、组织机构方面，还是从操作程序及报告性质等方面来讲，该“审计”业务均符合司法会计鉴定业务的特质。虽然从委托方的委托要求和出具报告的形式为“审计”，但其最终服务于司法诉讼，本质还是司法会计鉴定。

如前所述司法会计包括司法会计检查和司法会计鉴定两个方面，而司法会计检查和司法会计鉴定是分不开的，都需要通过对案件所涉及的财务会计资料进行检查或验证，来查明案件事实，最终解决司法会计证据问题。

在司法会计活动中，首要的任务往往不是鉴定证据，而是发现、收集案件中涉及的财务会计资料和财产物资，在某些案件的侦查过程中，对于一些专业技术性的问题，当侦查人员解决不了的时候，往往需要指派或聘请具有司法会计专业知识的人员参加。公安机关、监察机关及检察机关刑事案件侦查涉及的委托会计师事务所进行的司法会计鉴定，正是在司法会计检查过程中需要收集分析固定证据以查明案件事实的司法会计鉴定，这种司法会计鉴定业务是对案件涉及的财务会计资料及相关财务问题进行的专门检查，其目的是寻找、发现、收集和固定有关财务会计资料方面的诉讼证据，是一个去伪存真、去粗存精的过程；同时，单位或个人在进入诉讼程序之前委托会计师事务所进行的司法会计鉴定也是一个收集分析固定证据的过程。

而法院审理的民事、行政侵权和经济纠纷案件，仲裁委受理的平等主体的公民、法人和其他组织之间发生的合同纠纷和其他财产权益纠纷案件以及检察机关民事诉讼监督案件涉及的财务会计资料进行司法会计鉴定，是鉴定人依据法律，针对案件中的财务会计专门性问题，进行检验判断并作出书面鉴定意见的过程；同时单位、律师（律师事务所）或个人在诉讼中委托会计师事务所进行的司法会计鉴定也是解决具体会计问题给出意见的过程。

因此，司法会计鉴定是在诉讼前或诉讼过程中，注册会计师所在的会计师事务所接受办案机关（办理诉讼案件的监察机关、侦查机关、检察机关和审判机关）、仲裁委、单位、律师（律师事务所）或个人委托，对案件涉及的财务会计问题进行检验、鉴别、判定并提供鉴定意见的一项诉讼活动。根据委托方和具体业务不同，注册会计师应该运用职业怀疑和职业判断，具体分析该项司法会计业务究竟是收集分析固定证据，去伪存真、去粗存精地鉴定，还是根据固定好的证据，解决具体会计问题给出意见的鉴定，从而作出正确的司法鉴定意见。

2. 司法会计鉴定的范围

具体包括以下五类但不限于：

（1）公安机关、监察机关负责的经济犯罪案件和其他案件以及检察机关刑事案件侦查案件涉及的与财务会计相关的专门性问题进行司法会计鉴定。

（2）法院审理的民事诉讼案件及检察机关受理的民事诉讼监督案件涉及的与财务会计相关的专门性问题进行司法会计鉴定。

（3）法院审理的行政诉讼中有关行政赔偿、补偿案件涉及损失价值的司法会计鉴定。

（4）仲裁委对受理的平等主体的公民、法人和其他组织之间发生的合同纠纷和其他财产权益纠纷案件涉及的与财务会计相关的专门性问题进行司法会计鉴定。

（5）单位或个人委托的司法会计鉴定业务，通常是立案前即尚未进入司法程序的收集分析固定证据的鉴定；也有诉讼中委托的解决具体会计问题给出意见的鉴定业务。

（6）律师事务所委托的诉讼中解决具体会计问题给出意见的鉴定业务。

3. 司法会计鉴定的检验方法

司法会计鉴定中所需采用的检验方法，是指注册会计师检验财务会计资料及相关证据时所需采用的各种检查、验证方法。

主要有审阅法、核对法、复算法、比较法和勘验法。

（1）审阅法

审阅法，是指通过阅读审查涉案的财务会计资料及其他相关资料，来寻找、发现、收集、形成诉讼证据的检验方法。审阅的资料，包括单位的原始凭证、记账凭证、账簿、报表等会计资料，以及调查笔录、询问笔录、合同、制度及其他规范等。审阅法常用的思路和技巧是：

①分析解读原始凭证所表述的经济含义，结合其他证据资料，了解实际的经济活动内容是否与原始凭证的经济含义一致；

②分析经济活动及其原始凭证的制作是否符合财务标准；

③分析会计核算记录所采用的会计语言表达的经济含义，会计核

算表达的经济含义与原始凭证所表达的经济含义是否一致；

④会计核算是否符合会计标准。在审阅财务会计资料过程中，对于可疑问题，应当做好详细记录，形成工作底稿，并及时固定已发现的资料证据。

（2）核对法

核对法就是审核对照，是对两个或两个以上具有勾稽关系的财务记录、数值进行对照，审核其是否一致的检验方法。核对法主要用于确认会计核算中有无漏记、错记、重记等错误。核对法常用于下列情形：票据核对，如发票联与入库单核对；证证核对，如记账凭证与原始凭证核对；账证核对，如应收账款明细账与记账凭证核对；账账核对，如总账与明细账核对；账表核对，如营业收入明细账与损益表核对；账实核对，如现金日记账与现金盘点数核对；其他资料间的核对，如固定资产登记卡与固定资产采购合同核对。核对法的使用，要求注册会计师对涉案单位的各种票据和凭证，各种财务数据之间的勾稽关系有所了解；运用核对法，要根据单项检查的目的有针对性设计核对的顺序。

（3）复算法

复算法，是指通过重新计算财务会计资料中的小计、合计、累计、余额、乘积等数值的计算结果是否正确的检验方法。检查过程中，遇可疑数据，或要作为证据使用的数据时，必须经过复算。比如：会计资料复算，复算原始凭证上的计算方法、总金额数是否正确。对于自制的付款凭证更应注意复算，如工资结算凭证；会计账簿复算，复算明细账、日记账和总账的本期借贷方发生额之和的计算是否正确。

会计报表复算，复算利润表中利润总额、应税所得额及其分配等有关数据的计算有无错误；其他数据的复算，如工作时间、生产任务完成情况等数据的复算。采用复算法检查、发现数据不一致的，应当作好记录，形成工作底稿，并固定相应的资料证据。

（4）比较法

比较法，是指通过对两个或两个以上财务数值或比率进行比较，寻找和确认检查重点的一种检验方法。

采用比较法，可以发现财务会计记录中不合乎常规的记录，从而作为进一步检查的重点。

比较法主要包括数值比较和比率比较两类。

数值比较，主要是指对两个或两个以上同类财务指标的数值进行的比较。如：比较单价、比较业务量、比较库存量、比较销售额等。比较的目的是通过分析数值差异，发现问题或寻找检查所需财务、账务处理规律。

比率比较，主要是指对两个或两个以上相关财务指标的比率进行的比较。如：比较资金利用率、比较费用率、比较利润率、比较损耗率等。比较的目的是通过分析比率的变化规律，进而将变化较大的期间，作为检查的重点。

（5）勘验法

勘验法，是指通过对案件所涉及的各种实物资产进行现场点验，以查明这些资产实际结存情况的一种检验方法。

勘验法是通过现场勘验形式进行的一种司法会计检查活动。常用于对现金、有价证券、存货、固定资产等资产数量的检查。

上述所有检验方法基于司法会计鉴定的不同阶段和目的可以单独或组合起来运用。

4. 司法会计鉴定意见

司法会计鉴定意见，是注册会计师就提请鉴定的财务会计问题所作的结论性意见。

鉴定意见应根据鉴定背景、鉴定材料状况、标准状况等确定鉴定意见的类型。包括确定性意见和限定性意见。

（1）确定性鉴定意见

确定性鉴定意见，是指意见内容完全确定，不附带判定条件的司法会计鉴定意见。

（2）限定性意见

限定性鉴定意见，是指附带有一定判定条件的司法会计鉴定意见。

鉴定中，鉴定人在可能存在影响鉴定意见的特定事项的情况下，应当附带说明鉴定意见所包含（或未包含）某些特定事项的范围。也就是说，限定性鉴定意见是在附加了包含（或不包含）某些特定事项判定条件的情况下作出的。

实践中，因为客观因素的限制，诸如提供给注册会计师的鉴定材料不够充分和完整，注册会计师也有可能无法给出鉴定意见，这种情况下，注册会计师应及时与委托方进行沟通，根据委托方的要求，就鉴定情况作出客观如实描述，为委托方及当事人提供参考。

因此，注册会计师出具鉴定意见应当以符合科学技术标准、符合客观真实为根本要求，避免鉴定风险。对于影响鉴定意见的不确定因素或鉴定证据不足的情形，注册会计师应在司法会计鉴定意见书中予以披露。对鉴定意见具有重大影响的特殊事项，应在鉴定意见书中作为特殊事项段进行单独披露。

5. 司法会计鉴定的风险控制及应对策略

（1）概述

会计师事务所在从事司法会计鉴定业务时，应当时刻关注司法会计鉴定的特性，密切注意执业过程中的风险控制，防止鉴定意见出现错误或重大缺陷。司法会计鉴定诉讼风险一旦产生，轻者可能造成司法会计鉴定结果不被采信，重者将会产生冤案、错案，会导致会计师事务所、注册会计师承担相应的法律责任。因此，在司法会计鉴定中应当尽量防范和化解鉴定风险。

①保持独立、客观、公正，规避风险

保持主体的独立性，是保证鉴定结果公正、公平的基础。影响注册会计师和会计师事务所独立性主要包括经济利益、商业关系、家庭和密切关系等，会计师事务所在承接业务时，就应当对自身的独立性进行判断，是否存在影响独立性的商业关系，以判断是否承接业务。在业务承接以后，指派的注册会计师应进行独立性声明，是否存在影响独立性关系，以确保执业的注册会计师与案件双方当事人都不存在影响独立性的关系。

在司法会计鉴定中，应当严格遵守执业规范和职业道德规范，加强职业道德教育。由于司法会计鉴定工作的特殊性和严肃性，司法会计鉴定人员不但要遵守注册会计师职业道德守则，还要注意遵守以下要求：

第一，恪守独立、客观、公正原则。鉴定过程中应独立思考、自主判断，坚持正确意见，勤勉尽责，耐心听取各方意见，及时完成鉴定工作。

第二，承办鉴定工作应量力而行，不承办不能胜任的鉴定业务。

第三，足够地保持职业谨慎，不收取额外费用。不接受当事人及其代理人的款待、财物和其他利益，不利用鉴定人的身份谋取直接、间接的任何不当利益。

第四，自觉遵守法定回避制度，对可能影响鉴定公正性的情况也应考虑回避。

②建立科学、严密的保密制度

会计师事务所的保密义务贯穿于诉讼全过程乃至诉讼结束后。会计师事务所应当建立科学、严密的保密制度，积极采取保密措施，确保贯彻实施；注册会计师应严格遵守有关保密的法律、法规及本会计师事务所建立的保密制度；注册会计师不得向其他人或者组织提供与鉴定事项有关的信息；执行本鉴定业务的注册会计师不得与本会计师事务所内其他无关人员相互交流信息；会计师事务所应妥善保管司法会计鉴定档案，除法律另有规定外，司法会计鉴定档案不得对外借阅、复制。

（2）司法会计鉴定各阶段风险控制及应对策略

①司法会计鉴定受理阶段

会计师事务所在接受业务时应遵循谨慎性原则，保持风险防范意识，并事先进行风险评估在业务承接阶段要做到量力而行、委托程序合法、深入分析了解案情。具体如下：

第一，充分考虑司法会计鉴定业务本身的固有风险并进行风险评估。任何一项司法会计鉴定业务都有固有风险。固有风险是指委托鉴定业务在鉴定前就存在不确定因素，或存在所需鉴定资料的重大错报和漏报，有导致注册会计师判断错误，遭受鉴定失败的可能性。在司法会计鉴定实务中，注册会计师一般不能直接控制该项风险的大小，但应当对其进行评估，以确定是否承接该项业务。

第二，与委托方进行充分沟通，了解案情，分析鉴定材料及鉴定实施程序中获取鉴定证据的有利条件和不利条件。这是司法会计鉴定业务受理阶段的关键环节。会计师事务所在决定承接项目之前，应与委托方进行充分沟通，沟通中首先考虑委托事项是否超出本所司法会计鉴定业务的范围；鉴定材料是否不真实、不完整、不充分或者取得方式不合法；鉴定事项的用途是否不合法或者违背社会公德；鉴定要求是否符合《中国注册会计师执业准则》《司法鉴定程序通则》及其他相关鉴定技术规范等。

在此基础上，索取当事人的诉讼及其他涉案的相关资料，充分、详细了解案件情况，明确委托鉴定事项、鉴定用途及鉴定要求，考虑案件的复杂程度，分析鉴定实施程序中获取鉴定证据的有利条件和不利条件，在对案情进行全面分析的基础上，对是否承接该项鉴定业务作出客观、正确的判断。

第三，自身的独立性及执业能力。会计师事务所、注册会计师在充分了解案情的基础上，应考虑鉴定要求是否超出本机构的技术条件和鉴定能力，对本机构的技术条件和执业能力作出客观公正的评价，考虑是否承接该项鉴定业务。

注册会计师本人或者其近亲属与委托人、委托的鉴定事项或者鉴定事项涉及的案件有利害关系，可能影响其独立、客观、公正进行鉴定的，应当回避。如果无法回避的，应考虑是否承接该项鉴定业务。

第四，司法会计鉴定业务条款达成一致意见，签订司法会计鉴定协议书。在作出接受鉴定业务的决策后，会计师事务所应及时与委托人签订司法会计鉴定协议书。在签订协议书的过程中要充分考虑不可预见因素。在司法会计鉴定协议书中应当明确鉴定事项及用途、委托鉴定内容及要求等。在此基础上，为达到委托的鉴定目的和了解案情的现状可能需要增加附加条件并作出约定，对可能发生的难以预见的情况，需协商确定相应的条款，并写入协议书内。对鉴定约定的事项，应当越明确越详细越好，不能含糊简略，以便更清晰界定双方的责任。

②司法会计鉴定实施阶段

实施司法会计鉴定，注册会计师需采取特定的方法和策略，把风险降到最低，执业中应严格按照《中国注册会计师执业准则》《司法鉴定程序通则》及其他相关鉴定技术规范的规定，制定鉴定策略，执行鉴定程序。在鉴定过程中，应注意证据的获取和留存，过程的沟通应以书面的形式进行，以确保注册会计师执业过程的程序到位。

第一，委派具有胜任能力的专业人士执行鉴定业务。司法会计鉴定不是对客观事实的直接反映，而是运用专门知识或经验对诉讼中所涉及的专门性会计问题进行检验、判断的一种证明活动，通过检验、分析后得出的主观认识结果。这种工作结果，容易受到注册会计师自身素质、执业经验、胜任能力等因素的影响，从而产生鉴定风险。会计师事务所应委派具有胜任能力、专业素质高、责任意识强及有相应鉴定工作经验人士执行鉴定业务，防范鉴定风险。

第二，确保获取的鉴定材料真实、完整及充分，避免出现证据缺漏或虚假。在司法会计鉴定中，由于会计师事务所在诉讼中的地位和任务，决定了其不能自行收集鉴定所需的相关证据材料，而必须由委托人提供。会计师事务所在鉴定中发现缺少必要的鉴定材料时，应向委托人提出补充鉴定材料的要求，由委托人负责收集；若委托人不能补充提供鉴定所需鉴定材料，会计师事务所应终止鉴定。人民法院委托鉴定的民事诉讼案件中，会计师事务所若发现所提供的鉴定材料未经法庭质证的，应提请人民法院完善法庭质证程序。当事人无法联系，公告送达或当事人放弃质证的，鉴定材料应当经合议庭确认。

实践中会计师事务所及注册会计师应特别关注到，有的委托人或当事人出于一定的目的，有意识隐瞒对本方不利的鉴定材料，而不提供整个经济活动财务记录，或者提交虚假材料。此时会计师事务所应终止该类鉴定业务。

第三，执行充分、必要的鉴定程序，采用合理的鉴定方法。会计师事务所应以取得充分、适当的证据作为出具司法会计鉴定意见书的合理依据。会计师事务所以应有的职业谨慎态度，执行充分和必要的鉴定程序，采用合理的鉴定方法进行鉴定，客观、公正地发表鉴定意见，并对鉴定的全过程实时而详细记录于鉴定工作底稿。

A.对直接证据的内容进行全面检验。司法会计鉴定中直接证据将被直接作为意见的依据，因而在鉴定中应坚持对直接证据的内容进行全面检验，排除直接证据中包含的财务会计错误，预防鉴定风险。

B.限制鉴定要求或鉴定意见的范围。限制鉴定要求的范围，是指注册会计师在受理鉴定时发现鉴定要求超出司法会计鉴定范围，应当要求送检机构调整并缩小鉴定要求的范围，将其限制司法会计鉴定范围内。限制鉴定意见的范围，则是指注册会计师通过鉴定发现由于鉴定材料质量等原因，在原鉴定要求的范围内无法作出鉴定意见，而要求送检机构修改并缩小鉴定范围的做法。限制鉴定要求或鉴定意见的范围，是保证鉴定意见能够做到科学性和唯一性的基本保障措施，它可以防止由于鉴定要求过宽而引发的诉讼风险。

C.拒绝鉴定。注册会计师对超出司法会计鉴定范围的鉴定要求，或自己对鉴定要求涉及的财务会计问题不熟悉的情况下，应当拒绝鉴定，这是防止由于随意出具鉴定意见而引发诉讼风险和责任风险的最基本的手段之一。

③出具鉴定意见书阶段

第一，建立健全鉴定复核制度并确保有效执行。在鉴定过程结束后，注册会计师结合职业判断和相关规定对案件作出司法会计鉴定意见，并复核鉴定意见，由经验更丰富的复核人员对鉴定工作进行复核，出具鉴定意见书初稿。在出具鉴定意见之前，应该对鉴定过程进行再三复核，对案件的重要材料再仔细认真地审查，缜密判断，慎作意见。注册会计师出具的鉴定意见须具有足够的证据力，经得起当事人的怀疑和法律的检验。

会计师事务所应建立健全鉴定复核制度并确保有效执行。会计师事务所应当指定鉴定项目组之外的独立执业、执业时间长、专业素质高、责任意识强、有相应鉴定工作经验的注册会计师对该项鉴定的实施是否符合规定程序、是否采用合理的鉴定方法进行全面复核，客观评价执业注册会计师作出的判断及发表的鉴定意见。发现鉴定过程不符合相关规定或鉴定意见不恰当的，应当提请纠正，加强对司法会计鉴定过程的监督和复核，有效规避鉴定风险。

第二，出具限定性意见。司法会计鉴定意见根据意见的程度不同可以分为确定性意见和限定性意见两类。确定性意见，是指不附加判定条件的鉴定意见。如果鉴定意见的事实依据中存在影响确定性意见的情形时，注册会计师应当将这种情形作为附加判定条件，提出限定性意见，以便于法官在使用该意见时能够注意附加判定条件是否存在，从而化解由于鉴定意见的表述不足而引发意见适用错误导致错案的情形。

第三，加强沟通。在具体从事司法会计鉴定时，加强与法院、法官等委托方相关人员的沟通，判断他们需要的司法会计鉴定的目的，通过对案件的具体分析，得出有效的鉴定意见。

第四，按要求出具司法会计鉴定意见书，确保鉴定意见书规范、标准。会计师事务所应按司法会计鉴定文书规范出具司法会计鉴定意见书，鉴定意见书应做到文字精练，用词准确，语句通顺，描述客观、清晰。防止出现鉴定意见中有遗漏、相互矛盾、模糊不清、有争议及不确定性表述等内容，防止鉴定意见出现错误或重大缺陷。鉴定意见不应出现超出委托事项的意见和超出鉴定范围的意见（如法律定性、责任人划分等）及未取得相应证据支持而只是推测的事实等内容。

④鉴定人出庭阶段

注册会计师依法出庭接受质证是鉴定风险控制的最后一道环节（如果需要）。依法出庭作证是注册会计师的法定义务，发生当事人对鉴定意见有异议时，注册会计师须依据法院的通知出庭作证，接受当事人的质证。

注册会计师接到法院出庭作证的通知后，应做好出庭前的准备工作，认真复核工作底稿及鉴定意见书，回顾鉴定的全过程，草拟答辩提纲。

注册会计师出庭作证应尽量使用严谨、准确、通俗及易懂的语言，应当做到：尊重法律，尊重科学，遵守职业道德和执业纪律；举止文明，言词严谨；遵守法庭秩序，如实回答与鉴定事项有关的询问。对与鉴定事项无关的内容，可以拒绝回答，但需经审判人员同意。质证过程对于鉴定意见中确实存在的错误、瑕疵、不足作出合理解释或说明，经法院允许，可以对鉴定意见书作出更正，避免可能带来的后期诉讼风险。

综上所述，会计师事务所在从事鉴定业务时，必须时刻关注司法会计鉴定的特性，严格执行鉴定程序，依照有关技术规范保管和使用鉴定材料，严格监控鉴定材料的接收、传递、检验、保存和处置，建立科学严密的管理制度；密切注意执业过程中的风险控制，防范和化解司法会计鉴定风险，防止鉴定意见出现错误或重大缺陷。同时提高注册会计师的专业素养，提升执业胜任能力。参与司法鉴定项目的注册会计师和助理人员均应积极主动地学习会计、法律等各方面的知识，加强日常教育、专业培训工作，不断提高职业道德水平、业务素质及执业胜任能力。

（四）司法会计鉴定应遵循的依据标准

司法会计鉴定应遵循的依据标准包括但不限于以下方面：

1.国家有关财经法规、企业会计准则、企业会计制度、鉴证业务基本准则及相关审计准则；

2.行业标准和技术规范；

3.当事人单位公司章程及内部有关制度规定、经营计划、决定和办法，重要的合同以及重大会议纪要等；

4.当事人双方质证材料；

5.司法部关于印发司法鉴定文书格式的通知（司发通〔2016〕112号）发布的报告格式、内容、报告用语等鉴定报告标准。

（五）司法会计鉴定相关法规政策汇编

司法会计鉴定相关法规政策包括但不限于以下内容，由于司法会计鉴定取消行政登记后的相关法规政策并未修改或出具新的政策加以规定，现行收录的这些政策存在可能仅适用于行政登记司法鉴定机构或鉴定人，或已超有效期等不是很适用的条文，但其某些规则可供借鉴，因此一并列出，仅供参考，实务中还需根据实际情况加以判断使用。

1.《中华人民共和国刑事诉讼法》，2018年10月26日修订

1–1.最高人民法院关于适用《中华人民共和国刑事诉讼法》的解释（法释〔2021〕1号），自2021年3月1日起施行

1–2.《公安机关办理刑事案件程序规定》（公安部令第127号），自2013年1月1日起施行

1–3.公安部《公安机关办理刑事案件电子数据取证规则》（公通字〔2018〕41号），自2019年2月1日起施行

1–4.2016年9月9日，最高人民法院 最高人民检察院 公安部印发《关于办理刑事案件收集提取和审查判断电子数据若干问题的规定》的通知（法发〔2016〕22号）

1–5.公安部《公安机关鉴定规则》（公通字〔2017〕6号），自2017年2月16日起施行

1–6.《中华人民共和国监察法》，自2018年3月20日起施行

1–7.《中华人民共和国监察法实施条例》，自2021年9月20日起施行

1–8.最高检《人民检察院司法会计工作细则（试行）》（高检发技字〔2015〕27号），自2015年7月31日起施行

1–9.2018年4月3日，《最高人民检察院关于指派、聘请有专门知识的人参与办案若干问题的规定（试行）》

1–10.最高人民检察院《人民检察院刑事诉讼规则》，自2019年12月30日起施行

1–11.最高人民检察院《人民检察院民事诉讼监督规则》，自2021年8月1日起施行

2.《中华人民共和国民事诉讼法》，自2022年1月1日起施行

2–1.最高人民法院关于适用《中华人民共和国民事诉讼法》的

解释（法释〔2022〕11号），自2022年4月10日起施行

2-2.《最高人民法院关于民事诉讼证据的若干规定》（法释〔2019〕19号），自2020年5月1日起施行

2-3.《最高人民法院关于人民法院民事诉讼中委托鉴定审查工作若干问题的规定》（法〔2020〕202号），自2020年9月1日起施行

3.《中华人民共和国行政诉讼法》，自2017年7月1日起施行

3-1.最高人民法院关于适用《中华人民共和国行政诉讼法》的解释（法释〔2018〕1号），自2018年2月8日起施行

4.《中华人民共和国仲裁法》，2017年9月1日修订

4-1.最高人民法院关于适用《中华人民共和国仲裁法》若干问题的解释（法释〔2006〕7号），自2006年9月8日起施行

4-2.济南仲裁委员会仲裁规则—2020版、青岛仲裁委员会仲裁规则（2022版）、淄博仲裁委员会仲裁规则

4-3.《济南仲裁委员会对外委托仲裁鉴定机构管理办法（修订）》（济仲委发〔2019〕2号），自2019年2月25日起施行

4-4.《青岛仲裁委员会仲裁案件委托鉴定工作管理办法》，自2021年11月22日起施行

4-5.关于印发《淄博仲裁委员会委托鉴定工作规程》的通知（淄裁发〔2022〕6号），自2022年5月31日起生效

5.司法部关于下发《司法鉴定执业分类规定（试行）》（司发通〔2000〕159号）的通知，自2000年1月1日起施行

6.司法部令第95号《司法鉴定机构登记管理办法》，于2005年9月30日公布施行

7.司法部令第96号《司法鉴定人登记管理办法》，于2005年9月30日公布施行

8.2015年4月24日修正《全国人民代表大会常务委员会关于司法

鉴定管理问题的决定》（主席令第25号）

9.2015年8月4日《最高人民法院办公厅对十二届全国人大三次会议第1084号建议的答复》（法办函〔2015〕433号）

10.《司法鉴定程序通则》（司法部令第132号），自2016年5月1日起施行

11.《司法部关于印发司法鉴定文书格式的通知》（司发通〔2016〕112号），自2017年3月1日起执行

12. 2009年12月23日，司法部关于印发《司法鉴定职业道德基本规范》的通知（司发〔2009〕24号）

13. 司法部关于印发《司法鉴定机构内部管理规范》的通知（司发通〔2014〕49号），自2014年4月22日起施行

14. 2016年10月9日，《最高人民法院 司法部关于建立司法鉴定管理与使用衔接机制的意见》（司发通〔2016〕98号）

15. 2017年11月22日，《司法部关于严格准入 严格监管 提高司法鉴定质量和公信力的意见》（司发〔2017〕11号）

16. 2018年12月5日，《司法部办公厅关于严格依法做好司法鉴定人和司法鉴定机构登记工作的通知》（司办通〔2018〕164号）

17. 2019年12月6日，山东省高级人民法院 山东省人民检察院 山东省公安厅 山东省国家安全厅 山东省司法厅关于印发《关于规范全省司法鉴定活动优化执业环境的意见》的通知（鲁司〔2019〕84号）

18. 2020年11月2日，《司法部关于进一步深化改革 强化监管 提高司法鉴定质量和公信力的意见》（司发〔2020〕1号）

19. 2019年1月23日，山东省司法厅办公室印发《关于停止"四类外"司法鉴定机构和司法鉴定人登记工作的通知》（鲁司办〔2019〕4号）

20. 2020年3月25日，《司法部办公厅关于开展司法鉴定机构和鉴定人清理整顿工作的通知》（司办通〔2020〕27号）

21. 2020年4月3日，《山东省司法厅 山东省司法鉴定协会 关于开

展司法鉴定机构和鉴定人清理整顿工作的通知》（鲁司〔2020〕23号）

22. 2020年6月5日，司法部印发《关于〈司法鉴定机构登记管理办法〉第二十条、〈司法鉴定人登记管理办法〉第十五条的解释》的通知（司规〔2020〕4号）

23. 2020年5月27日，《司法部关于进一步规范和完善司法鉴定人出庭作证活动的指导意见》（司规〔2020〕2号）

24. 2020年6月8日，司法部办公厅关于印发《司法鉴定机构 鉴定人记录和报告干预司法鉴定活动的有关规定》的通知（司办通〔2020〕56号）

25. 2020年7月27日，山东省司法厅关于印发《山东省司法鉴定机构 司法鉴定人记录和报告干预司法鉴定活动实施办法》的通知（鲁司〔2020〕59号），自印发之日起施行，有效期至2025年7月26日

26. 2001年11月16日，最高人民法院关于印发《人民法院司法鉴定工作暂行规定》的通知（法发〔2001〕23号）

27.《人民法院对外委托司法鉴定管理规定》（法释〔2002〕8号），自2002年4月1日起施行

28. 2004年2月9日，最高人民法院关于印发《人民法院司法鉴定人名册制度实施办法》的通知（法发〔2004〕6号）

29.《最高人民法院对外委托鉴定、评估、拍卖等工作管理规定》（法办发〔2007〕5号），自2007年9月1日起施行

30. 2022年12月2日，司法部关于印发《司法鉴定机构内部复核工作规定（试行）》的通知（司规〔2022〕3号）

31.《山东省司法鉴定条例》（山东省人民代表大会常务委员会公告第100号），自2012年5月1日起施行

32. 山东省司法厅关于印发《山东省司法鉴定业务分类规定》的通知（鲁司〔2015〕38号），本规定自2015年7月1日起施行，有效期至2020年6月30日

二、不同机关或单位（包括个人）委托鉴定业务流程及注意事项

中国的司法机关在狭义上专指人民法院，广义上包括人民检察院、公安机关等侦查机关在履行刑事侦查职能时可以认为是司法机关的一部分。人民法院是国家的审判机关，人民检察院是国家的法律监督机关，监察委员会是国家的监察机关，公安机关是国家治安行政和刑事司法的专门机关。以下是有关法律对其职责及相互关系的主要规定：

《中华人民共和国宪法》规定，中华人民共和国公民的人身自由不受侵犯。任何公民，非经人民检察院批准或者决定或者人民法院决定，并由公安机关执行，不受逮捕。人民法院、人民检察院和公安机关办理刑事案件，应当分工负责，互相配合，互相制约，以保证准确有效地执行法律。

《中华人民共和国民事诉讼法》规定，人民法院受理公民之间、法人之间、其他组织之间以及他们相互之间因财产关系和人身关系提起的民事诉讼。人民法院审理民事案件，必须以事实为根据，以法律为准绳，应当根据自愿和合法的原则进行调解，调解不成的，应当及时判决。人民检察院有权对民事诉讼实行法律监督。

《中华人民共和国行政诉讼法》规定，公民、法人或者其他组织认为行政机关和行政机关工作人员的行政行为侵犯其合法权益，有权向人民法院提起诉讼。人民法院设行政审判庭，审理行政案件，对行政行为是否合法进行审查，当事人在行政诉讼中的法律地位平等。人民检察院有权对行政诉讼实行法律监督。

《中华人民共和国刑事诉讼法》规定，对刑事案件的侦查、拘留、

执行逮捕、预审，由公安机关负责。检察、批准逮捕、检察机关直接受理的案件的侦查、提起公诉，由人民检察院负责。审判由人民法院负责。国家安全机关办理危害国家安全的刑事案件，行使与公安机关相同的职权。人民法院审判案件，实行两审终审制，未经人民法院依法判决，对任何人都不得确定有罪。人民检察院依法对刑事诉讼实行法律监督。

监察机关依照《中华人民共和国监察法》对所有行使公权力的公职人员进行监察，调查职务违法和职务犯罪，与审判机关、检察机关、执法部门互相配合、互相制约，与党的纪律检查机关合署办公，实现依纪监督和依法监察。

《中华人民共和国监察法》第三十四条规定，人民法院、人民检察院、公安机关、审计机关等国家机关在工作中发现公职人员涉嫌贪污贿赂、失职渎职等职务违法或者职务犯罪的问题线索，应当移送监察机关，由监察机关依法调查处置。被调查人既涉嫌严重职务违法或者职务犯罪，又涉嫌其他违法犯罪的，一般应当由监察机关为主调查，其他机关予以协助。

监察机关经调查认为犯罪事实清楚，证据确实、充分的，制作起诉意见书，连同案卷材料、证据一并移送人民检察院依法审查、提起公诉；人民检察院经审查，认为犯罪事实已经查清，证据确实、充分，依法应当追究刑事责任的，应当作出起诉决定。人民检察院经审查，认为需要补充核实的，应当退回监察机关补充调查，必要时可以自行补充侦查。对于补充调查的案件，应当在一个月内补充调查完毕。补充调查以二次为限。人民检察院对于有《中华人民共和国刑事诉讼法》规定的不起诉的情形的，经上一级人民检察院批准，依法作出不起诉的决定。监察机关认为不起诉的决定有错误的，可以向上一级人民检察院提请复议。

以下为不同机关或单位（包括个人）委托鉴定业务流程及注意事

项，以法院为主，其他为辅，编者根据相关理论知识和实务经验总结归纳，不能代替相关法律法规执业准则规则政策规定，更不能代替注册会计师的职业怀疑和职业判断，仅供行业从业者参考借鉴。

（一）法院委托鉴定业务流程及注意事项

1. 法院委托鉴定的法律依据及对审计/鉴定的理解

2022年1月1日起施行的《中华人民共和国民事诉讼法》关于鉴定的相关规定：第六十六条“证据包括：……（七）鉴定意见；……证据必须查证属实，才能作为认定事实的根据”、第七十九条“当事人可以就查明事实的专门性问题向人民法院申请鉴定。当事人申请鉴定的，由双方当事人协商确定具备资格的鉴定人；协商不成的，由人民法院指定。当事人未申请鉴定，人民法院对专门性问题认为需要鉴定的，应当委托具备资格的鉴定人进行鉴定”、第八十条“鉴定人有权了解进行鉴定所需要的案件材料，必要时可以询问当事人、证人。鉴定人应当提出书面鉴定意见，在鉴定书上签名或者盖章”、第八十一条“当事人对鉴定意见有异议或者人民法院认为鉴定人有必要出庭的，鉴定人应当出庭作证。经人民法院通知，鉴定人拒不出庭作证的，鉴定意见不得作为认定事实的根据；支付鉴定费用的当事人可以要求返还鉴定费用”、第八十二条“当事人可以申请人民法院通知有专门知识的人出庭，就鉴定人作出的鉴定意见或者专业问题提出意见”及第一百四十二条“当事人经法庭许可，可以向证人、鉴定人、勘验人发问。当事人要求重新进行调查、鉴定或者勘验的，是否准许，由人民法院决定”。

《中华人民共和国行政诉讼法》第三十三条“证据包括：……（七）鉴定意见；……以上证据经法庭审查属实，才能作为认定案件事实的根据”。

最高人民法院关于适用《中华人民共和国行政诉讼法》的解释（法释〔2018〕1号）第四十七条“根据行政诉讼法第三十八条第二款的规定，在行政赔偿、补偿案件中，因被告的原因导致原告无法就损害情况举证的，应当由被告就该损害情况承担举证责任。对于各方主张损失的价值无法认定的，应当由负有举证责任的一方当事人申请鉴定，但法律、法规、规章规定行政机关在作出行政行为时依法应当评估或者鉴定的除外；负有举证责任的当事人拒绝申请鉴定的，由其承担不利的法律后果。当事人的损失因客观原因无法鉴定的，人民法院应当结合当事人的主张和在案证据，遵循法官职业道德，运用逻辑推理和生活经验、生活常识等，酌情确定赔偿数额”。

人民法院审理民事案件、行政案件及刑事案件，分别依据《中华人民共和国民事诉讼法》《中华人民共和国行政诉讼法》《中华人民共和国刑事诉讼法》及其相关解释。经检索，三大诉讼法及其解释，未见有关审计、鉴证等字样，只有鉴定或鉴定意见，且进行鉴定的人未明确必须具备鉴定资格，《中华人民共和国民事诉讼法》只要求具备资格的鉴定人，未规定是具备司法登记的鉴定资格还是专门问题所涉及行业执业资格，同时规定有专门知识的人可以对鉴定意见或专门问题提出意见，《中华人民共和国行政诉讼法》对鉴定人资格未作要求，《中华人民共和国刑事诉讼法》《中华人民共和国监察法》要求有专门知识的人进行鉴定，并出具鉴定意见，可见在停止“四类外”鉴定业务司法登记管理之后，相关法律放开了对于鉴定资格的要求，具备专门性问题所属行业资格和资质的有专门知识的人即可作为鉴定人出具鉴定意见。《最高人民法院关于适用〈中华人民共和国刑事诉讼法〉的解释》（法释〔2021〕1号，2020年12月7日）第一百条规定，因无鉴定机构，或者根据法律、司法解释的规定，指派、聘请有专门知识的人就案件的专门性问题出具的报告，可以作为证据使用。更是扩大了鉴定意见的报告范围，不再局限于鉴定意见书的称谓，即具有专门知识的人出具的行业报告也可以作为证据使用，但需要按照鉴定意见的要求进行审查和认定，等同于鉴定意见。

另外，我们查询到2015年8月4日《最高人民法院办公厅对十二届全国人大三次会议第1084号建议的答复》（法办函〔2015〕433号）对会计审计类司法鉴定的管理和资质条件作出了明确答复："二、关于规范其他类鉴定工作。……目前，产品质量鉴定、建筑工程质量鉴定、工程造价、会计审计、评估等各类鉴定，早已分别由国家质检总局、建设部、财政部、国土资源部等国务院相关行政部门进行管理，并且早已通过制定相关法律、法规对鉴定机构和鉴定人的条件进行规定。"因此，这些鉴定事项，属于《全国人民代表大会常务委员会关于司法鉴定管理问题的决定》规定的"法律已有规定从其规定"的范畴，不应纳入司法行政部门登记管理范围，也不属于司法行政部门商"两高"的范畴……

基于以上理解，本书认为注册会计师及其所在的会计师事务所可以作为"四类外"司法鉴定业务——司法会计鉴定的鉴定人及鉴定机构进行鉴定，出具检验报告、鉴定意见书或根据委托方的要求及自身职业判断出具审计报告、审核报告、鉴证报告等作为证据，以满足不同机关或单位解决财务、会计、审计、税务等专门性问题，查明案情的需要。

2. 法院委托鉴定业务承接及风险评估

（1）资质入围

依据最高人民法院《关于严格审查并上传各地法院对外委托专业机构、专业人员、专家库、暂予监外执行组织诊断工作信息资料的通知》（法明传〔2018〕46号）和山东省高级人民法院《关于公告新增专业机构注册人民法院诉讼资产网有关要求的通知》要求，2020年6月山东省各中级人民法院均发出关于新增专业机构注册人民法院诉讼资产网的公告，"依法成立的各类专业机构根据自愿原则，登录人民法院诉讼资产网进行注册，相关信息输入的路径（https：//www.rmfysszc.gov.cn）。目前，山东全省三级法院已运行了人民法院对外委托鉴定系统，凡未在人民法院诉讼资产网注册的专业机构，将无法通过人民法院对外委托鉴定系统承接鉴定业务"，"自公告发布之日起，各专业机构随时可以网上申请注册，不限定截止日期"。

自愿接受人民法院委托从事会计审计、税务审计鉴定业务（人民法院委托鉴定系统鉴定类型）的会计师事务所，在人民法院诉讼资产网进行注册申请，审核通过可以入围人民法院委托鉴定系统（登录网址为http：//dwwtjd.court.gov.cn/）机构库，入围成功后向中级人民法院司法技术部门提交申请书和以下材料进行备案：

①营业执照副本；

②专业资质证书；

③专业技术人员名单、执业资格和主要业绩；

④其他资料。

人民法院可以通过委托鉴定系统查看鉴定机构的基本信息、人员信息、鉴定资质、机构评分等情况，采取适当的方式选取鉴定机构办理委托鉴定事项。

2015年8月4日《最高人民法院办公厅对十二届全国人大三次会议第1084号建议的答复》（法办函〔2015〕433号）也对法院选取鉴定机构程序作出了规定："三、关于规范司法鉴定委托程序和鉴定人出庭作证制度。最高人民法院将加强对司法鉴定委托工作的管理，进一步完善对外委托制度，规范对外委托程序，指导、监督各级法院严格按照对外委托管理规定开展工作。除按照法律规定需协商选择鉴定机构外，一律采取随机的方式选择鉴定机构……"

（2）鉴定受理

在当事人申请鉴定的情况下，先由当事人协商确定鉴定机构；当事人协商一致选择鉴定机构的，人民法院应当审查协商选择的鉴定机构是否具备鉴定资质及符合法律、司法解释等规定。发现双方当事人的选择有可能损害国家利益、集体利益或第三方利益的，应当终止协商选择程序，采用随机方式选择。协商不成的，由法院指定，指定方式为法律允许的摇号、轮候、抽签等方式。

人民法院依职权决定，对专门性问题进行鉴定的，由法院直接委托具备资格的鉴定人进行鉴定。

在实际业务中，诉讼当事人需要进行司法鉴定的可以向人民法院承办法官提出鉴定申请，承办法官审核通过后移送至人民法院司法技术部门，由司法技术部门通过人民法院委托鉴定系统随机选取会计师事务所办理委托鉴定事项。会计师事务所应当统一受理司法鉴定业务委托。

在接受委托前，注册会计师应当初步了解鉴定业务环境。业务环境包括业务约定事项、鉴定对象特征、使用的标准、预期使用者的需求、责任方及其环境的相关特征，以及可能对鉴定业务产生重大影响的事项、交易、条件和惯例等其他事项。

①了解案情，与委托人充分沟通

会计师事务所首先要了解案情，阅读涉案的相关资料，听取案情介绍，与委托人组织会谈，现场反馈未明事项。

通过与委托人充分沟通，明确鉴定目标、鉴定范围及鉴定要求。

②初步审查鉴定材料

会计师事务所应对委托人提供的鉴定材料进行初步审查，审查中应重点关注鉴定材料的真实性、完整性、关联性及充分性。经初步审查认为鉴定材料不完整、不充分，不能满足鉴定需要的，会计师事务所应要求委托人补充材料。

关于鉴定材料的完整性，是相对于具体委托事项而言的。鉴定材料有部分缺陷，但不影响注册会计师发表鉴定意见，可认为鉴定材料是完整的。

③对鉴定风险进行初步评估

会计师事务所通过了解案情，初步审查鉴定材料后，对拟承接的鉴定业务进行初步风险评估，具体从以下几个方面考虑：

第一，鉴定材料是否合法取得并真实、完整及充分。

第二，鉴定事项及用途是否合法、是否违背社会公德。

第三，鉴定要求是否符合财务、会计、税务、审计执业规则或相关鉴定技术规范。

第四，会计师事务所及注册会计师是否有专业胜任能力承接此项鉴定。

第五，会计师事务所及注册会计师独立性是否符合要求，根据《司法鉴定程序通则》第二十条规定，司法鉴定人本人或者其近亲属与诉讼当事人、鉴定事项涉及的案件有利害关系，可能影响其独立、客观、公正进行鉴定的，应当回避。司法鉴定人曾经参加过同一鉴定事项鉴定的，或者曾经作为专家提供过咨询意见的，或者曾被聘请为有专门知识的人参与过同一鉴定事项法庭质证的，应当回避。

④确认是否受理

会计师事务所根据初步风险评估的结果编制业务承接评价表，综合分析各方面因素后确定是否受理。业务承接评价表应详细记录委托事项，鉴定材料情况，被鉴定当事人诚信及与鉴定事项相关情况，会计师事务所是否有足够的具有必要素质的专业胜任能力的人员，会计师事务所及项目组人员是否具有独立性，以及是否能够在鉴定期限内完成业务等内容。

第一，可以受理的鉴定委托。

会计师事务所对属于本所司法鉴定业务范围，鉴定事项、用途合法，提供的鉴定材料能够满足鉴定需要的，可以受理。对于鉴定材料不完整、不充分，不能满足鉴定需要的，会计师事务所可以要求委托人补充，经补充后能够满足鉴定需要的，可以受理。

第二，不予受理的鉴定委托。

具有下列情形之一的鉴定委托，会计师事务所不应受理：

A.委托鉴定事项超出会计师事务所鉴定业务范围的；

B.发现鉴定材料不真实、不完整、不充分或者取得方式不合法的；

C.鉴定事项、用途不合法或者违背社会公德的；

D.鉴定要求不符合相关鉴定技术规范的；

E.鉴定要求超出会计师事务所技术条件或者胜任能力的；

F.会计师事务所与委托人或当事人存在利害关系，影响独立性的；

G.委托人就同一鉴定事项同时委托其他会计师事务所进行鉴定的；

H.其他不符合法律、法规、规章规定的情形。

对不予受理的鉴定委托，若已接受鉴定材料的，应当向委托人书面说明理由，退还其提供的鉴定材料。

⑤受理期限

受理期限是指会计师事务所收到委托之日起至决定受理（签订司法鉴定委托书）之日止的期限。会计师事务所应当自收到委托通知之日起7个工作日内作出是否受理的决定。对于复杂、疑难或者特殊鉴定事项的委托，会计师事务所可以与委托人协商决定受理的时间。

（3）签订司法鉴定委托书

会计师事务所决定受理鉴定委托的，应当与委托人签订司法鉴定委托书。司法鉴定委托书应当载明委托人名称、会计师事务所名称、委托鉴定事项、是否属于重新鉴定、鉴定用途、与鉴定有关的基本案情、鉴定材料的提供和退还、鉴定风险，以及双方商定的鉴定期限、鉴定费用（明确鉴定费用中是否包含出庭费用及收取方式）、双方权利义务及其他需要载明的事项。

需要说明的是，会计师事务所接受法院委托后，会计师事务所从“人民法院委托鉴定系统”下载法院出具的司法鉴定委托书及相关案情资料，如果司法鉴定委托书相关事项未予以明确，可在法官的见证下，与案件当事人作出商谈笔录或就相关约定条款签订鉴定业务约定书予以明确。

鉴定期限是指会计师事务所签订司法鉴定委托书之日起至出具司法鉴定意见书之日止的时间。一般案件鉴定时限不超过30个工作日，重大、疑难、复杂案件鉴定时限不超过60个工作日，会计师事务所与委托人对鉴定时限另有约定的，从其约定，在鉴定过程中补充或者重新提取鉴定材料所需的时间，不计入鉴定时限。会计师事务所因特殊情况需要延长鉴定期限的，应当提出书面申请，人民法院可以根据具体情况决定是否延长鉴定期限。

（4）鉴定材料接收与退还

①鉴定材料的种类

鉴定材料按归属分类，可分为涉案单位当事人所属资料与外部资料两类。

第一类　涉案单位所属资料

涉案单位当事人所属资料是指归属于涉案单位、提供给会计师事务所的鉴定材料，分为财务会计资料和其他相关资料两种。

第一，财务会计资料主要包括：

A.已纳入会计核算体系的会计凭证、会计账簿、会计报表及其注释，以及在会计凭证后附的原始凭证，如银行对账单、银行回单、发票、收款收据、进出库单、物流单证等；

B.未在会计核算体系反映的经济业务活动所形成的“账外账”、原始凭证等；

C.各类权益凭证，如产权证明、金融票据等；

D.各类备查登记簿、台账等；

E.各类系统数据，如记载商品销售的系统、记载商品购进与发出的系统等；

F.各类合同、协议等；

G.纳税申报资料、税务稽查、检查报告等。

在司法鉴定实践中，还存在未设立经济组织实体的个人涉案的情况，其个人经济业务活动形成的原始凭证，也类似于涉案单位所属资料。

第二，其他相关资料主要包括：

A.工商登记资料、公司章程；

B.股东会决议、董事会决议、会议记录等；

C.财务会计制度、内部管理制度等。

第二类　外部资料

外部资料是指委托方提供的与委托事项相关的鉴定材料，主要包括：

第一，相关人员的银行账户流水；

第二，相关人员的第三方支付平台资金流水，如支付宝、财付通、银联商务等；

第三，相关平台交易数据，如淘宝、京东等；

第四，相关电子邮箱资料、手机通信截图等。

②鉴定材料的接收

第一，委托人委托鉴定，向会计师事务所提供的鉴定材料应当真实、合法、完整且充分，并对鉴定材料来源的真实性、合法性负责。诉讼当事人对鉴定材料有异议的，应当向委托人提出。委托人不得以任何方式明示或者暗示司法鉴定机构、司法鉴定人作出某种特定倾向的鉴定意见。会计师事务所不能由其他途径获取鉴定材料，不能自行采集电子数据和影像资料。

第二，会计师事务所接收鉴定材料时应当核对并记录鉴定材料的名称、种类、数量、性状、保存状况及收到时间等，编制“接收鉴定材料清单”，经委托方盖章或签名确认。对于涉案单位所属资料较多不便移送而需会计师事务所外勤鉴定的，应编制资料清单，委托方、会计师事务所及资料所有者共同盖章或签名确认，并注明该资料未移交。

第三，会计师事务所有权了解进行鉴定所需要的案件材料，可以查阅、复制相关资料，必要时可以在法院有关人员见证下询问诉讼当事人、证人。

第四，经法院同意，会计师事务所可以派员到现场提取鉴定材料。现场提取鉴定材料应当由不少于2名事务所人员进行，其中至少1名应为该鉴定事项的司法鉴定人。现场提取鉴定材料时，应当有委托人指派或者委托的人员在场见证并在提取记录上签名。

会计师事务所接收鉴定材料应特别注意：由人民法院委托的民事诉讼案件，其鉴定材料须经法庭质证，未经法庭质证的材料（包括补充材料），不得作为鉴定材料。当事人无法联系、公告送达或当事人放弃质证的，鉴定材料应当经合议庭确认。

第五，对于鉴定材料不完整、不充分，不能满足鉴定需要的，会计师事务所可以要求委托人补充，委托人不能补充提供的，应该中止或终止鉴定。

③鉴定材料的保管与领用

第一，会计师事务所应当建立鉴定材料保管制度，对鉴定材料归类存放，专人保管。保管人员应当详细记录鉴定材料的领用与交还的情况，定期清点鉴定材料，确保鉴定材料的安全、完整。

第二，外勤鉴定需向保管人员领用鉴定材料的，应及时归还材料并详细记录鉴定材料的领用与交还的情况，领用人员与保管人员共同签名确认。

④鉴定材料的退还

第一，鉴定意见书出具后，会计师事务所应当向委托方退还鉴定材料，经委托方许可，也可以将鉴定材料直接退还给涉案单位当事人。条件允许的话，退还鉴定材料的时间最好是在案件审判程序结束后，以便会计师事务所出庭接受质询时查阅。

第二，退还鉴定材料时，应当按“接收鉴定材料清单”所载数量全部退还，移交方与接收方共同盖章或签名确认。

第三，会计师事务所应当确保鉴定材料的安全完整，因严重不负责任造成鉴定材料损毁、遗失的，应当依法承担责任。

3. 鉴定过程

（1）鉴定方法

司法会计鉴定（人民法院委托鉴定系统鉴定类型为会计审计鉴定、税务审计鉴定）简而言之就是查账、查物及查资金。注册会计师在鉴定过程中应结合司法会计鉴定和审计鉴证的方法及程序进行分析、鉴别和判定，所有检验、鉴定和审计方法基于司法会计鉴定的不同阶段和目的单独或组合运用，同时要注意，在鉴定实践中，有些审计方法和程序在司法会计鉴定中使用受限，具体如下：

一是关于重要性水平和明显微小错报的运用。司法会计鉴定通常不适用财务报表审计中的重要性水平和明显微小错报。注册会计师针对财务报表整体发表审计意见时，没有责任发现对财务报表整体影响并不重大的错报，远低于重要性水平的明显微小错报可以选择忽略，不纳入错报累积，不影响审计意见的确定，但司法会计鉴定过程中发现的差错，无论金额大小，都会影响鉴定意见。对重要性的判断是根据具体环境作出的，并受错报的金额或性质的影响，或受两者共同作用的影响，在具体业务中评估重要性以及数量和性质因素的相对重要程度，需要注册会计师运用职业判断。

二是关于抽样方法的运用。抽样方法是财务报表审计中采用的一种重要方法，其原理是按照重要性原则仅对被认为符合重要性水平的会计资料进行检查，并以其结果来推断被审计单位会计报表的编制是否符合公认的会计原则以及在所有重大方面是否公允地反映了其财务状况、经营成果和资金变动情况。根据司法鉴定科学性的要求，因为抽样方法不符合司法会计鉴定方法的技术性要求，带有推测成分，缺乏严密的逻辑性，因此司法会计鉴定一般不适合采用抽样方法。

三是关于询问、函证、监盘等方法的运用。询问、函证、监盘是财务报表审计中采用的重要方法。但在司法会计审计、税务审计鉴定中，进行询问、监盘或者实施函证等程序，需在法院有关人员的见证、陪同或者调查令的辅助之下进行，否则其证据效力将受到质疑。在鉴定过程中，调查取证权始终归属于司法机关，注册会计师仅是专业辅助，不能直接联系涉案相关人员和收发资料，所有证据资料均来自司法机关，在司法人员监督下进行专业沟通、询问、观察和盘点。

（2）鉴定过程

会计师事务所受理鉴定委托后，应指定2名或2名以上本机构具有该鉴定事项专业胜任能力的注册会计师实施具体鉴定工作。

注册会计师首先执行初步检验程序，主要包括：审阅案卷，了解和掌握鉴定事项所涉及的财务会计事实、相关具体细节；进一步检查鉴定资料质量；对案卷和鉴定资料的审阅和检查结果作出初步检验意见。在初步检验基础上，实施详细检验分析程序，编制具体检验计划和方案，明确具体人员分工、时间安排，确定鉴定方法和技术路线。根据具体计划和方案进行鉴定工作、分析、形成初步鉴定意见。具体如下：

①成立鉴定项目组

鉴定项目负责人应当分析评价项目组人员的独立性，并确信项目组具有下列方面适当的素质、专业胜任能力：

第一，通过适当的培训和参与鉴定业务，获得执行类似性质和复杂程度鉴定业务的知识和实务经验；

第二，掌握法律法规、职业道德规范和会计、审计鉴证准则的规定；

第三，具有相关技术知识，包括信息技术知识；

第四，熟悉被鉴定对象所处的行业；

第五，具有职业判断能力；

第六，掌握会计师事务所质量管理政策和程序。

②了解案情

注册会计师应了解案情，并就案件类型、案件进展、涉案金额、涉案人员人物关系等必要相关事项与委托方沟通。具体如下：应结合司法鉴定委托书判断案件类型；应初步了解案件进展情况，尽快开展工作；对于金额重大的涉案金额应予以重点关注。

③制定总体鉴定策略及具体鉴定计划

根据案件情况、起诉书、庭审笔录、财务会计资料等，项目负责人和项目组其他关键成员应当参与计划鉴定工作，利用其经验和见解，以提高计划过程的效率和效果。

制定总体鉴定策略确定鉴定范围、时间和方向，并指导制定具体鉴定计划。总体鉴定策略的制定应当包括：

第一，确定鉴定业务的特征，包括采用的会计准则和相关会计制度、鉴定意见书要求等，以界定鉴定范围；

第二，明确鉴定业务目标，以计划鉴定的时间安排和所需沟通的性质，包括提交鉴定意见书的时间要求，预期与人民法院、诉讼当事人沟通的重要日期等；

第三，考虑影响鉴定业务的重要因素，评估项目风险，以确定项目组工作方向。

注册会计师应当根据总体鉴定策略制定更加详细的具体鉴定计划，其内容包括获取充分、适当的鉴定证据以降低鉴定风险，项目组成员拟实施的鉴定程序的性质、时间和范围等。

由于未预期事项、条件的变化或在实施鉴定程序中获取的鉴定证据等原因，注册会计师应当将对总体鉴定策略和具体鉴定计划作出的必要更新和修改贯穿整个鉴定业务的始终。

④组织实施鉴定工作

鉴定项目组应当根据制定的总体鉴定策略及具体鉴定计划组织实施鉴定工作，严格保管和使用鉴定材料，做好鉴定材料的接收、检查、保存和交接工作。

鉴定项目组在鉴定过程应遵守职业道德规范和保持独立性，不受人民法院和诉讼各方当事人的影响。职业道德规范要求鉴定项目组成员恪守独立、客观、公正的原则，保持专业胜任能力和应有的关注，并对鉴定过程中获知的信息保密。鉴定项目负责人对独立性和职业道德规范的判断应体现在整个鉴定过程中。

进入诉讼程序后，诚实、守信的商业环境发生变化，出于对自身利益的保护，诉讼当事人各自提供的与鉴定有关的鉴定材料可能会存在较大差异或者信息不一致，导致鉴定材料有瑕疵，鉴定项目组在使用鉴定材料时需要对收集到的鉴定材料的真实性、完整性、可靠性进行鉴别。另外，诉讼事项所涉及的会计核算基础工作也可能缺乏规范性，鉴定项目组在执行鉴定程序时需要对重要的会计政策、运用的会计制度和会计准则进行判断，判断结果应取得诉讼当事人的书面同意。

值得注意的是，诉讼当事人为合伙经营的，在制定和执行合伙经营内部控制制度、会计制度上可能不完整，运营合伙经营业务时会存在内部控制授权审批流程等执行不到位的情况，可能会出现一方当事人提供的鉴定材料另一方当事人不认可的情况，或者其他诉讼当事人也存在对鉴定材料质疑的情况，鉴定项目组在使用此类鉴定材料前，应由人民法院组织质证程序，由诉讼当事人对提供的鉴定材料进行相互质证和确认，并在鉴定材料清单上签字。存在争议的鉴定材料及对鉴定意见造成的影响，注册会计师应在鉴定意见书中单独披露。

⑤及时了解案件进展情况

注册会计师应将鉴定阶段性结果与委托方进行沟通交流，以便发现并解决鉴定过程中出现的问题，防止出现重大错误；了解案件的进展情况，有助于加快工作进度，同时及时更新完善鉴定计划。

⑥形成初步鉴定意见

注册会计师根据委托鉴定要求，在审核已提供的鉴定资料，包括鉴定资料是否完整、资料提供者是否签字或盖章、数据调取是否有相关调取文件等；根据已获取的鉴定资料验证是否可以支持鉴定意见，验证鉴定方法是否合理；重新验算底稿中的数据，保证时间、金额等重要信息的准确，在鉴定数据计算无误基础上，确定初步鉴定意见。

4. 鉴定意见书复核、出具及沟通

（1）鉴定意见书复核、出具阶段

《司法鉴定程序通则》第三十五条规定："司法鉴定人完成鉴定后，司法鉴定机构应当指定具有相应资质的人员对鉴定程序和鉴定意见进行复核；对于涉及复杂、疑难、特殊技术问题或者重新鉴定的鉴定事项，可以组织3名以上的专家进行复核。复核人员完成复核后，应当提出复核意见并签名，存入鉴定档案。"

关于复杂、疑难、特殊技术问题的认定，可以参考2022年1月1日起执行的《山东省疑难、复杂和有重大社会影响的司法鉴定事项认定标准》（鲁发改成本〔2021〕1058号）。

2022年12月2日司法部发布的《司法鉴定机构内部复核工作规定（试行）》规定，司法鉴定机构内部复核指司法鉴定人完成鉴定后，正式出具司法鉴定意见书之前，司法鉴定机构内部指定具有相应资质的人员对鉴定程序和鉴定意见进行复核，并提出复核意见的活动；涉及复杂、疑难、特殊技术问题或者重新鉴定的鉴定事项，可以组织3名以上的专家进行复核。有条件的司法鉴定机构可以组建内部复核部门，专责开展本机构内部复核工作；司法鉴定机构内部复核一般包括确定复核人、复核鉴定程序、复核鉴定意见、形成复核意见等工作流程。会计师事务所可参照该规定执行内部复核工作。

初步鉴定意见作出后应当经过项目质量人员复核鉴定意见。复核鉴定意见的一般方法是：根据本项鉴定意见的形成原理，重新审视该鉴定意见的形成所必需的事实和标准方面的依据，审查各检验结果及鉴别、分析结果是否能够满足鉴定意见的要求。经过复核，确认检验、鉴别、分析结果符合鉴定意见的要求，则可以出具正式的鉴定意见书初稿。

经复核发现检验、鉴别、分析结果不能满足鉴定意见的要求，则应考虑补充检验。补充检验，主要是指对遗漏的检验事项进行补充检验，以便完善鉴定意见的依据。通过补充检验发现根本不可能获取新的检验结果或未能取得理想的检验结果的，应当考虑根据现有的检验、鉴别、分析的结果，重新作出鉴定意见。如果通过补充检验发现了新的证据，并足以影响鉴定意见，则应考虑重新制定和实施详细检验论证方案，并重新进行检验工作，以便作出正确的鉴定意见。

这里需要强调的是，鉴定意见未经法院审查认证前只是一种待证事实的证据材料，之后是否能够作为定案根据应该由法官在审判过程中进行审查和判断。由于各种不同类型的条件所限，鉴别、检验的活动发生意见不确定的情况、无法得出意见的情况的可能性是客观存在的，注册会计师按照法定程序出具的限定性鉴定意见即使达不到定案根据的要求，也可能指示案件的审理方向，与其他证据形成证据链条，发挥一定的印证作用，为法官判断事实问题提供参考；同时，由于受鉴定材料或者其他因素限制，注册会计师也有可能无法给出明确的鉴定意见，只能客观描述，这种情况下，注册会计师应及时与委托方沟通，以确定是否出具鉴定意见书，还是仅根据现有鉴定材料获知的客观情况，出具检验报告。注册会计师要坚持客观性原则，不要为了鉴定而鉴定，偏离客观事实，强行得出不恰当的鉴定意见。

根据《会计师事务所质量管理准则第5101号——业务质量管理》第六十五条“会计师事务所应当就项目质量复核制定政策和程

序，并对下列业务实施项目质量复核：（一）上市实体财务报表审计业务；（二）法律法规要求实施项目质量复核的审计业务或其他业务；（三）会计师事务所认为，为应对一项或多项质量风险，有必要实施项目质量复核的审计业务或其他业务”、第二十七条“项目质量复核，是指在报告日或报告日之前，项目质量复核人员对项目组作出的重大判断及据此得出的结论作出的客观评价”以及《会计师事务所质量管理准则第5102号——项目质量复核》第九条“项目质量复核人员不是项目组成员。执行项目质量复核，并不改变项目合伙人对项目实施质量管理以高质量执行业务的责任，以及对项目组成员进行指导和监督并复核其工作的责任……”的规定，会计师事务所应对已实施的鉴定工作进行复核，复核人员进行复核时应当考虑：

①鉴定工作是否已按照法律法规、职业道德规范和审计、鉴证业务准则的规定执行；

②重大事项是否已提请进一步考虑；

③相关事项是否已进行适当咨询，由此形成的意见是否得到记录和执行；

④是否需要修改已执行鉴定工作的性质、时间和范围；

⑤已执行的鉴定工作是否支持形成的意见，并已得到适当记录；

⑥获取的鉴定证据是否充分、适当；

⑦鉴定程序的目标是否实现。

项目质量复核完成后形成复核意见，鉴定项目组将项目质量复核意见落实和解决后出具鉴定意见书初稿。

（2）鉴定意见书沟通阶段

鉴定过程中发现的重大事项、被鉴定对象采用的会计政策、需要明确的事项等，应在鉴定过程中及时与人民法院、诉讼当事人、被鉴定单位等进行沟通，鉴定事项的沟通应贯穿于鉴定全过程。为了避免发生冲突，鉴定项目组应当通过人民法院与诉讼当事人、被鉴定单位等进行沟通，项目负责人应提前与人民法院司法技术部门联系确定沟通的地点、时间、参加人员等。实务中，因客观情况的存在，委托人可能让鉴定人与当事人自行沟通，在法院人员不在场的情况下，鉴定项目组应由项目负责人及至少1名鉴定人员参加，全程录音录像，做好沟通记录。沟通结束之后，项目负责人应及时向人民法院汇报沟通结果进行备案。

在出具正式鉴定意见书前，会计师事务所应当就鉴定意见书初稿与人民法院、诉讼当事人、被鉴定单位等进行沟通。沟通前，项目负责人应提前与人民法院联系，就鉴定意见沟通取得承办法官同意，协商确认沟通的时间、地点和方式，避免与诉讼当事人、被鉴定单位等私下会面。

鉴定意见书当面沟通时，应听取各方意见，需要进行补充修改的，要及时进行鉴定意见书的调整。同时，就沟通结果形成书面记录，由诉讼当事人、被鉴定单位签字盖章确认。当面沟通不能实现时，也可将鉴定意见书征求意见稿随同鉴定意见书征求意见函一并发给委托法院，由法院交由当事人并于10个工作日内以书面形式进行反馈，逾期视同无意见。

（3）正式出具鉴定意见书

司法部2016年11月21日发布的《关于印发司法鉴定文书格式的通知》（司发通〔2016〕112号），制定了包括《司法鉴定意见书》等7种文书格式，自2017年3月1日起执行。

依据该通知发布的格式，会计师事务所出具的鉴定意见书可参考文书格式列示如下：

×××会计师事务所
关于××××
司法鉴定意见书

会计师事务所执业证书号：

声　明

1. 会计师事务所和注册会计师根据法律、法规和规章的规定，按照鉴定的科学规律和技术操作规范，以及中国注册会计师执业准则，依法独立、客观、公正进行鉴定并出具鉴定意见，不受任何个人或者组织的非法干预。

2. 司法鉴定意见书是否作为定案或者认定事实的根据，取决于办案机关的审查判断，会计师事务所和注册会计师无权干涉。

3. 使用司法鉴定意见书，应当保持其完整性和严肃性。

4. 司法鉴定意见属于注册会计师的专业意见。当事人对鉴定意见有异议，应当通过庭审质证或者申请重新鉴定、补充鉴定等方式解决。

地　　址：××省××市××路××号（邮政编码：000000）

联系电话：000-00000000

×××会计师事务所

关于××××

司法鉴定意见书

××所〔20××〕法鉴字第×号

山东省××人民法院：

一、基本情况

二、基本案情

三、材料摘要

四、鉴定过程

五、分析说明

六、鉴定意见

七、其他事项说明

八、附件

××会计师事务所	中国注册会计师：
中国·城市名	中国注册会计师：

二〇××年×月×日

需要注意的是，上述参考文书格式包含了司法鉴定意见书的基本内容，会计师事务所可根据不同业务或不同报告的特点制定具体的格式，也可以根据实际情况作合理增减；鉴定意见书各页之间应当加盖会计师事务所公章红印，作为骑缝章。鉴定意见书应使用A4纸，文内字体为4号仿宋，两端对齐，段首空两格，行间距一般为1.5倍。

鉴定意见书应当清晰表述注册会计师对鉴定事项（需要解决的专门性问题）发表的意见。一般包含下列基本内容：

一、标题：写明会计师事务所名称和委托鉴定事项。

二、编号：应包含会计师事务所缩略名、年份、专业缩略语及序号等，如：××会计师事务所〔20××〕×鉴字第×号。

三、基本情况：简要说明委托人、委托事项、受理日期、鉴定材料等情况。

委托人：司法鉴定的委托主体。

委托事项：司法鉴定需要解决的专门性问题。

受理日期：司法鉴定委托书签订日期。

鉴定材料：委托人提供的与委托事项相关的材料，包括与案件有关的交易材料、会计凭证、会计账簿、财务报表及其他资料。

四、资料摘要：摘录与鉴定事项有关的鉴定资料。

五、基本案情：写明委托鉴定事项涉及案件的简要情况。

六、鉴定过程：客观、翔实、有条理地描述鉴定活动发生的过程，包括人员、时间、地点、内容、方法，鉴定材料的选取、使用，采用的技术标准、技术规范或者技术方法，检查、检验所使用的方法和主要结果等。

七、分析说明：详细阐明鉴定人根据有关科学理论知识，通过对鉴定材料，检查、检验结果，鉴定标准，专家意见等进行鉴别、判断、综合分析、逻辑推理，得出鉴定意见的过程。要求有良好的科学性、逻辑性。

八、鉴定意见：即注册会计师出具的鉴定结果。鉴定意见应明确、具体及规范，具有针对性和可适用性。

1.鉴定意见是对委托鉴定事项出具的结果，不得对超出本次鉴定委托事项发表意见。

2.鉴定意见和鉴定意见书的其他部分表述不得相互矛盾；鉴定意见不得使用不确定性的表述；鉴定意见书不得有其他明显瑕疵。

3.鉴定意见要用陈述事实的语气进行客观描述，不得对未取得相应证据支持的事项进行推测，不得对委托鉴定事项进行法律定性（如贪污、挪用资金、职务侵占等），不得对涉案事项进行责任划分。

4.鉴定意见书应当由注册会计师签名，多名注册会计师参加的鉴定，对鉴定意见有不同意见的，应当注明。

5.涉及特殊专业鉴定需聘请相关专家协助的，专家意见应当记录在案，最终仍由会计师事务所独立发表鉴定意见，同时在鉴定意见书中对该特殊专业鉴定作必要说明。

九、其他事项说明：鉴定意见书中需要解释或说明的特殊事项。

十、落款：包括会计师事务所名称和两名注册会计师签章。

十一、鉴定日期：出具鉴定意见书的日期。

十二、附件：鉴定意见书应附有会计师事务所营业执照、执业证书以及注册会计师证书复印件。若需要添加其他附件的，须在附件中列出详细目录。

5. 出庭质证

《全国人民代表大会常务委员会关于司法鉴定管理问题的决定》第十一条明确规定："在诉讼中，当事人对鉴定意见有异议的，经人民法院依法通知，鉴定人应当出庭作证"；《司法鉴定程序通则》第四十三条规定："经人民法院依法通知，司法鉴定人应当出庭作证，回答与鉴定事项有关的问题"；《中华人民共和国民事诉讼法》第八十一条规定：

“当事人对鉴定意见有异议或者人民法院认为鉴定人有必要出庭的，鉴定人应当出庭作证。经人民法院通知，鉴定人拒不出庭作证的，鉴定意见不得作为认定事实的根据；支付鉴定费用的当事人可以要求返还鉴定费用。”

由此可见，出庭作证是负责司法鉴定注册会计师的一项诉讼义务，是鉴定意见作为证据使用的最后程序。无正当理由，未经人民法院许可，负责鉴定注册会计师不得拒绝出庭作证。同时《中华人民共和国民事诉讼法》第八十二条还规定，当事人可以申请人民法院通知有专门知识的人出庭，就鉴定人作出的鉴定意见或者专业问题提出意见。

通过出庭参与质证，能进一步阐述鉴定意见的科学性及可靠性，有利于各方认可鉴定意见，或对鉴定意见中的错误、瑕疵、不足作出合理解释或说明，以使法庭对其鉴定意见是否采信作出合理判断，避免由于采用未经质证的鉴定意见而导致误判、错判，给负责司法鉴定注册会计师带来后期的诉讼风险。

因此，负责司法鉴定注册会计师应正确认识这一法定义务，在接到出庭通知后，应当及时与人民法院确认注册会计师出庭的时间、地点、人数、费用、要求等，认真做好出庭作证各项工作。

①出庭质证前的准备工作

第一，调阅鉴定卷宗，根据检案摘要、鉴定材料情况、委托鉴定事项及要求，认真分析检验过程、分析方法及鉴定意见是否与委托鉴定事项及要求一致；检查引用的技术方法、技术标准和技术规范是否恰当；熟悉鉴定意见的形成过程、依据及其科学性。

第二，及时与本案的承办法官联系，详细了解承办法官、案件的双方当事人及其代理人对鉴定意见所提出的疑点、难点和争议焦点，有针对性地制作、修订《鉴定说明》，主动向法庭阐释、说明鉴定事项所涉及的某些问题。

通常情况下，《鉴定说明》涉及以下内容：

A.注册会计师的基本概况。主要是通过概要介绍注册会计师学业、工作经历、技术资格等阅历情况，说明注册会计师具备鉴定资格和解决本项鉴定问题的能力。

B.鉴定材料情况。重点是介绍鉴定材料的来源、鉴定材料状况，说明鉴定材料来源的合法性和完整性。同时，如果存在鉴定材料争议情形，还应当说明鉴定中采纳或不采纳相关鉴定材料的理由。

C.鉴定原理。重点是介绍鉴定类型、鉴定方法以及鉴定涉及的主要鉴定标准的出处、来源及其财务会计原理，同时，如果存在鉴定标准争议情形，还应当说明鉴定中采用或不采用某项标准的理由。

D.鉴定意见的含义。重点是采用通俗的语言阐释鉴定意见的含义以及其所能证明事实的范围。

第三，草拟答辩提纲。答辩提纲通常包括：鉴定程序的合法性问题、鉴定材料的质量问题、论证的逻辑性问题、鉴定的基本程序和基本理论问题、鉴定意见的论据意义问题等，以及针对案件相关各方提出的疑点、难点和争议焦点问题，准备详细的解答方案。

第四，准备相关身份证明文件，包括：身份证原件及复印件，注册会计师执业资格证书复印件，工作证、职称证复印件等。

②出庭质证现场

第一，注册会计师出庭质证，应当衣着得体、举止文明、准备充分、尊重科学、尊重法庭、遵守法律程序、遵守法庭纪律、恪守职业道德和执业纪律。

第二，注册会计师出庭质证，应当按照法庭指定出示并宣读司法鉴定意见，客观、全面、如实说明鉴定过程、鉴定依据与鉴定意见，接受法庭询问，接受与鉴定意见有关的质证，不得作虚假陈述或片面表达意见。

第三，注册会计师出庭质证，仅限于对司法鉴定委托范围内的问题进行回答，阐明鉴定意见正确性及得出鉴定意见的客观依据。对于假设和推理情况下的问题，注册会计师可不予回答。如发问的内容与鉴定意见无关、涉及国家机密、技术秘密或当事人隐私等，注册会计师有权向法庭提出拒绝回答。对于听不懂或未考虑成熟的问题不轻率回答，避免出现人为错误或被动局面。

第四，对于双方当事人或代理人在质证现场法庭上提供补充资料要求回答的问题，注册会计师可不予当庭答复，也不应轻易发表任何意见。要明确说明这个问题不在原鉴定范围内，要求将补充证据提供给法院，由法院质证后，重新委托注册会计师作补充鉴定。

③出庭费用

注册会计师出庭接受质询的出庭费用，一般由委托人支付。委托人支付出庭费用可以包含在鉴定费用中，委托书未明确鉴定费用是否包含出庭费用的，也可以另行补充约定。

此外，如有下列情形之一的，经人民法院许可，注册会计师可以通过书面证言、视听传输技术、视听资料和庭外调查等其他方式作证：

A.因健康原因不能出庭的；

B.因路途遥远、交通不便不能出庭的；

C.因自然灾害等不可抗力不能出庭的；

D.因人身安全受到重大威胁不能出庭的；

E.委托人或者当事人拒绝支付出庭费用的；

F.有其他正当理由不能出庭的。

6. 底稿格式及归档要求

（1）底稿格式

①工作底稿类别

按工作底稿的形成过程，司法鉴定工作底稿分为业务承接工作底稿、实施鉴定工作底稿、鉴定意见工作底稿及出庭作证工作底稿等四个部分。

第一部分　业务承接工作底稿

第一，委托通知书及基本情况介绍资料。委托人拟委托会计师事务所进行司法鉴定，一般情况下会发出委托通知书并提供基本情况介绍的资料（也可能通过网络传递、电话通知等方式），委托通知书及基本情况相关资料连同会计师事务所的回复或竞价资料作为工作底稿归档。

第二，业务承接风险评估表。会计师事务所在承接业务前，首先要了解案情，明确委托鉴定事项及鉴定要求，初步审查鉴定材料，在此基础上进行初步风险评估，编制业务承接风险评估表，以决定是否受理。业务承接风险评估表的参考格式如下：

业务承接风险评估表

被鉴定单位名称：　编制人：　日期：　索引号：B–2
鉴定期间或截止日期：　复核人：　日期：　页次：

<table>
<tr><td rowspan="5">被鉴定单位基本情况</td><td>单位名称</td><td></td><td>地址</td><td></td></tr>
<tr><td>法人代表</td><td></td><td>注册资本</td><td></td></tr>
<tr><td>统一社会信用代码</td><td></td><td>成立日期</td><td></td></tr>
<tr><td>经营范围</td><td colspan="3"></td></tr>
<tr><td>经济性质</td><td></td><td>经营期限</td><td></td></tr>
<tr><td>基本案情</td><td colspan="4"></td></tr>
<tr><td>委托鉴定事项及用途</td><td colspan="4"></td></tr>
<tr><td>风险评估</td><td colspan="4"></td></tr>
<tr><td rowspan="4">专业胜任能力评价</td><td colspan="4">1.初步确定注册会计师是否熟悉相关行业或业务对象</td></tr>
<tr><td colspan="4">2.初步确定注册会计师是否有类似业务经验，或具备有效获取必要技能和知识的能力</td></tr>
<tr><td colspan="4">3.在需要时，能否得到专家的帮助</td></tr>
<tr><td colspan="4">4.项目质量复核人员是否掌握复核标准和具备复核资格</td></tr>
</table>

续表

<table>
<tr><td rowspan="14">独立性评价</td><td rowspan="4">本会计师事务所、注册会计师及项目组其他成员是否存在对独立性损害情形</td><td>1. 与被鉴定单位存在专业服务费收费以外的直接经济利益或重大的间接经济利益</td></tr>
<tr><td>2. 与被鉴定单位存在密切经营关系</td></tr>
<tr><td>3. 与被鉴定单位发生雇佣关系</td></tr>
<tr><td>4. 其他可能损害独立性事项</td></tr>
<tr><td rowspan="8">本会计师事务所、注册会计师或项目组其他成员关联方关系对独立性损害情形</td><td>1. 注册会计师为案件当事人或当事人的近亲属</td></tr>
<tr><td>2. 会计师事务所或注册会计师与案件有利害关系</td></tr>
<tr><td>3. 注册会计师担任过案件的证人、辩护人、诉讼代理人</td></tr>
<tr><td>4. 会计师事务所或注册会计师为本案件提供过咨询或其他相关服务</td></tr>
<tr><td>5. 项目组成员关系密切的家庭成员是被鉴定单位的董事、监事、高级管理人员、其他关键管理人员或能够对本案件产生直接重大影响的员工</td></tr>
<tr><td>6. 被鉴定单位的董事、监事、高级管理人员、其他关键管理人员或能够对本业务产生直接重大影响的员工是会计师事务所的前高级管理人员</td></tr>
<tr><td>7. 会计师事务所股东（合伙人）、高级管理人员或注册会计师与被鉴定单位长期交往</td></tr>
<tr><td>8. 接受被鉴定单位或其董事、监事、高级管理人员、其他关键管理人员或能够对本案件产生直接重大影响的员工的贵重礼品或超出社会礼仪的款待</td></tr>
<tr><td rowspan="2">本会计师事务所或项目组成员是否存在外界压力对独立性损害情形</td><td>1. 受到有关单位或个人不恰当的干预</td></tr>
<tr><td>2. 受到降低收费的压力而不恰当缩小范围</td></tr>
<tr><td rowspan="3">鉴定收费评价</td><td colspan="2">预计鉴定收费是否含出庭费：</td></tr>
<tr><td colspan="2">预计成本（计算过程）：</td></tr>
<tr><td colspan="2">预计回收比例（100%）：</td></tr>
</table>

续表

<table>
<tr><td>其他方面考虑</td><td colspan="4">鉴定材料是否合法取得，并完整、真实及满足鉴定工作的要求</td></tr>
<tr><td rowspan="4">评估意见</td><td colspan="2">注册会计师</td><td colspan="2">项目合伙人（必要时）</td></tr>
<tr><td colspan="2">基于上述方面，我们（接受或不接受）此项业务</td><td colspan="2">基于上述方面，我们（接受或不接受）此项业务</td></tr>
<tr><td>签名：</td><td></td><td>签名：</td><td></td></tr>
<tr><td>日期：</td><td></td><td>日期：</td><td></td></tr>
</table>

注：委托鉴定涉及被鉴定单位资产状况或经营情况的，风险评估还应增加相应的内容。

第三，签订司法鉴定委托书。会计师事务所决定受理委托的，应与委托人签订司法鉴定委托书。司法鉴定委托书应当载明委托人名称、会计师事务所名称、委托鉴定事项、是否属于重新鉴定、鉴定用途、与鉴定有关的基本案情、鉴定材料的提供和退还、鉴定风险，以及双方商定的鉴定时限、鉴定费用及收取方式、双方权利义务等其他需要载明的事项。司法鉴定委托书（索引号 B–3）的参考格式如下：

司法鉴定委托书

编号：

<table>
<tr><td>委托人</td><td></td><td>联系人（电话）</td><td></td></tr>
<tr><td>联系地址</td><td></td><td>承办人</td><td></td></tr>
<tr><td>会计师事务所（司法鉴定机构）</td><td colspan="3">名　　称：
地　　址：　　　　邮　　编：
联 系 人：　　　　联系电话：</td></tr>
<tr><td>委　　托
鉴定事项</td><td colspan="3"></td></tr>
<tr><td>是否属于重新鉴定</td><td colspan="3"></td></tr>
<tr><td>鉴定用途</td><td colspan="3"></td></tr>
<tr><td>与鉴定有关的基本案情</td><td colspan="3"></td></tr>
</table>

续表

<table>
<tr><td>鉴定材料</td><td></td></tr>
<tr><td>预计费用
及收取方式</td><td>预计收费总金额：¥：________，大写：______________。</td></tr>
<tr><td>司法鉴定意见书发送方式</td><td>☐自取
☐邮寄　地址：
☐其他方式（说明）</td></tr>
<tr><td colspan="2">约定事项：
1.（1）关于鉴定材料：
☐所有鉴定材料无须退还。
☐鉴定材料须完整、无损坏地退还委托人。
☐因鉴定需要，鉴定材料可能会损坏、耗尽，导致无法完整退还。
☐对保管和使用鉴定材料的特殊要求：________________。
（2）关于剩余鉴定材料：
☐委托人于____周内自行取回。委托人未按时取回的，会计师事务所有权自行处理。
☐会计师事务所自行处理。如需要发生处理费的，按有关收费标准或协商收取____元处理费。
☐其他方式。
2.鉴定时限：
☐______年______月______日之前完成鉴定，提交司法鉴定意见书。
☐从该委托书生效之日起_____个工作日内完成鉴定，提交司法鉴定意见书。
注：鉴定过程中补充或者重新提取鉴定材料所需的时间，不计入鉴定时限。
3.需要回避的鉴定人：________________，回避事由：________________。
4.经双方协商一致，鉴定过程中可变更委托书内容。
5.其他约定事项：</td></tr>
<tr><td>鉴定风险
提　　示</td><td>1.鉴定意见属于专家的专业意见，是否被采信取决于办案机关的审查和判断，注册会计师和会计师事务所无权干涉
2.由于受鉴定材料或者其他因素限制，并非所有的鉴定都能得出明确的鉴定意见
3.鉴定活动遵循依法独立、客观、公正的原则，只对鉴定材料和案件事实负责，不会考虑是否有利于任何一方当事人</td></tr>
<tr><td>其他需要
说明的事项</td><td></td></tr>
<tr><td>委托人
（承办人签名或者盖章）
×年×月×日</td><td>会计师事务所
（签名、盖章）
×年×月×日</td></tr>
</table>

司法鉴定委托书说明：

A.“编号”由会计师事务所缩略名、年份、专业缩略语及序号组成。

B.“委托鉴定事项”用于描述需要解决的专门性问题。

C.在“鉴定材料”一项，应当记录鉴定材料的名称、种类、数量、性状、保存状况、收到时间等，如果鉴定材料较多，可另附《鉴定材料清单》。

D.关于“预计费用及收取方式”，应当列出费用计算方式；概算的鉴定费和其他费用，其中其他费用应尽量列明所有可能的费用，如现场提取鉴定材料时发生的差旅费等；费用收取方式、结算方式，如预收、后付或按照约定方式和时间支付费用；退还鉴定费的情形等。

E.在“鉴定风险提示”一项，会计师事务所可增加其他的风险告知内容，有必要的，可另行签订风险告知书。

第四，发出司法会计鉴定告知书（附在司法鉴定委托书后）。司法会计鉴定中可能存在和出现各种风险，为使委托人理解司法会计鉴定的行业特点，会计师事务所应向委托人发出司法会计鉴定告知书，由委托人盖章或签名后发回作为工作底稿归档。司法会计鉴定告知书（索引号B-4）参考格式如下：

司法会计鉴定告知书

一、委托人委托司法会计鉴定，提供的鉴定材料应真实、完整、充分，符合鉴定要求，并提供案件有关情况。因委托人或当事人提供虚假信息、隐瞒真实情况或提供不实材料产生的不良后果，会计师事务所和注册会计师概不负责。

二、会计师事务所和注册会计师按照客观、独立、公正、科学的原则进行鉴定，委托人、当事人不得要求或暗示会计师事务所或注册会计师按其意图或者特定目的提供鉴定意见。

三、由于受到鉴定材料的限制以及其他客观条件的制约，会计师事务所和注册会计师有时无法得出明确的鉴定意见。

四、因鉴定工作的需要，委托人或者当事人获悉国家秘密、商业秘密或者个人隐私的，应当保密。

五、鉴定意见属于专业意见，是否成为定案根据，由办案机关经审查判断后作出决定，会计师事务所和注册会计师无权干涉。

六、当事人对鉴定意见有异议，应当通过庭审质证或者申请重新鉴定、补充鉴定等方式解决。

七、有下列情形的，会计师事务所可以终止鉴定工作：

（一）发现鉴定材料不真实、不完整、不充分或者取得方式不合法的；

（二）鉴定用途不合法或者违背社会公德的；

（三）鉴定要求不符合《中国注册会计师执业准则》《司法鉴定程序通则》或者相关鉴定技术规范的；

（四）鉴定要求超出会计师事务所技术条件或者鉴定能力的；

（五）委托人就同一鉴定事项同时委托其他会计师事务所进行鉴定的；

（六）委托人拒不履行司法会计鉴定委托书规定的义务、被鉴定方拒不配合或者鉴定活动受到严重干扰，致使鉴定无法继续进行的；

（七）委托人主动撤销鉴定委托，或者委托人、诉讼当事人拒绝支付鉴定费用的；

（八）因不可抗力致使鉴定无法继续进行的；

（九）其他不符合法律、法规、规章规定，需要终止鉴定的情形。

被告知人签名：

日期：×年×月×日

第五，接收鉴定材料清单。对于移送材料鉴定的，会计师事务所应当编制接收鉴定材料清单，双方签名（盖章）确认。接收鉴定材料清单应载明鉴定材料的名称、种类、数量、性状、保存状况及日期等。接收鉴定材料清单参考格式如下：

接收鉴定材料清单

索引号B-5

委托单位：　　　　地址：
联系人：　　　　联系电话：

序号	资料名称	是否提供（是/否）	备注
1	诉讼申请书（例）		
2	庭审笔录（例）		
3	……		

送鉴方（签章）：　　　　接受方（签章）：　　　　见证人签章：
日期：　　　　日期：　　　　日期：

第六，签订保密承诺书。委托人对鉴定事项有保密要求的，会计师事务所应与委托人签订保密协议，载明保密事项、保密期限等，保密协议作为工作底稿归档。保密承诺书参考格式如下：

保密承诺书

索引号B-6

本人作为×××会计师事务所（以下简称“本所”）的×××项目组成员，在鉴定过程中获知办案机关（或其他委托人）、被鉴定人（或单位）的保密信息。

本人有责任对鉴定活动中获知的涉密信息保密。

涉密信息，指项目在鉴定过程中获取的所有隐私及商业信息。主要包括但不限于被鉴定人个人隐私信息、被鉴定机构财务、经营相关记录、相关政策资料及办案机关与项目组成员的沟通记录等。

本人有责任对会计师事务所被鉴定人（或单位）信息保密，本人郑重承诺，除《中国注册会计师职业道德守则》和《司法鉴定程序通则》所规定的情形可以披露涉密信息以外，不存在下列行为：

（一）未经委托方授权或法律法规允许，向会计师事务所以外的第三方披露所获知的涉密信息；

（二）利用所获知的涉密信息为本人或第三方谋取利益；

（三）有意或无意向社会交往的人员泄密，特别是向近亲属或关系密切的人员泄密；

（四）在终止本项目委托关系后，对鉴定活动中获知的涉密信息泄密。

本人同意，任何时候无论与公司聘用当期或结束聘用，除非明确授权，否则不得透露给任何人或使用涉密信息（如上文所述）。

本人已阅读并充分理解《中国注册会计师职业道德守则》和《司法鉴定程序通则》的相关规定。本人将遵守在职业活动中获知的涉密信息的保密条款。本人清楚地知晓，如果违反了本承诺书，将承担一切相应责任。

×××会计师事务所（签章）

声明人：

日期：

第二部分　实施鉴定工作底稿

第一，项目组成员独立性确认函。会计师事务所受理鉴定业务后，指派胜任本项鉴定业务的注册会计师作为项目组负责人，项目组成员应在独立性确认函上签名确认，独立性确认函作为工作底稿归档。独立性确认函参考格式如下：

项目组成员独立性确认函

索引号C-1

×××会计师事务所：

根据司法鉴定对从业人员及聘用的专家应当遵守相关职业道德要求，按司法鉴定独立性的相关规定，本人就执行的（被鉴定单位名称）司法鉴定业务确认：

1.本人及主要近亲属与被鉴定人（或单位）不存在专业服务收费以外的直接经济利益或重大的间接经济利益；

2.本人及主要近亲属未从被鉴定人（或单位）取得贷款，或获得贷款担保；

3.本人及主要近亲属与被鉴定人（或单位）不存在密切的商业关系；

4.本人与被鉴定人（或单位）不存在雇佣关系；

5.本人及与本人关系密切的家庭成员未曾担任被鉴定单位的董事、监事、高级管理人员以及其他关键管理人员，也不曾是能够对鉴定业务产生直接重大影响的员工；

6.本人没有为被鉴定人（或单位）提供直接影响鉴定业务对象的其他服务；

7.本人没有接受被鉴定人、被鉴定单位或其董事、监事、高级管理人员以及其他关键管理人员或能够对鉴定业务产生直接重大影响的员工的贵重礼品或超出社会礼仪的款待。

注册会计师：（签名）

其他鉴定人员：（签名）

年　月　日

第二，鉴定总体策略及具体计划。项目组对司法鉴定制定总体策略及具体计划，包括基本案情分析、委托鉴定事项、鉴定对象执行会计准则或会计制度、与法院、诉讼当事人沟通重要日期、鉴定意见提交时间、识别和评估的鉴定风险、执行的鉴定程序及项目组人员分工，包括是否利用专家及第三方的工作等。鉴定总体策略及具体计划经项目组成员签名后作为工作底稿归档。

鉴定总体策略及具体计划参考格式如下：

鉴定总体策略及具体计划

被鉴定单位名称：　编制人：　日期：　索引号：C–2
鉴定期间或截止日期：　复核人：　日期：　页次：

<table>
<tr><td rowspan="5">被鉴定单位基本情况</td><td>单位名称</td><td></td><td>地址</td><td></td></tr>
<tr><td>法定代表人</td><td></td><td>注册资本</td><td></td></tr>
<tr><td>统一社会信用代码</td><td></td><td>成立日期</td><td></td></tr>
<tr><td>经营范围</td><td colspan="3"></td></tr>
<tr><td>经济性质</td><td></td><td>经营期限</td><td></td></tr>
<tr><td>基本案情分析</td><td colspan="4"></td></tr>
<tr><td rowspan="3">鉴定的基本情况</td><td>委托鉴定事项</td><td colspan="3"></td></tr>
<tr><td>鉴定截止日期</td><td></td><td>鉴定对象执行会计准则或会计制度</td><td></td></tr>
<tr><td>与人民法院、诉讼当事人沟通的重要日期</td><td></td><td>鉴定意见书提交时间</td><td></td></tr>
<tr><td>识别和评估的鉴定风险</td><td colspan="4"></td></tr>
</table>

续表

执行的鉴定程序				
鉴定小组成员	注册会计师一		注册会计师二	
	鉴定助理			
姓名	人员分工及查验项目（包括是否利用专家及第三方的工作）		时间安排	备注

第三，鉴定过程形成的工作底稿。项目组成员按专业标准、鉴定方法对委托鉴定事项进行鉴定，形成文字、表格或图谱等形式的工作底稿。工作底稿应详细记录委托鉴定具体事项、依据鉴定材料、使用鉴定方法、发表的鉴定意见等内容，参与鉴定的人员签名确认。鉴定过程工作底稿的参考格式如下：

×××鉴定事项工作底稿

被鉴定单位名称：　　编制人：　　日期：　　索引号：C-3
鉴定期间或截止日期：　　复核人：　　日期：　　页次：

鉴定项目名称	
一、具体鉴定事项	
二、鉴定过程（鉴定方法、相关证据）	
三、鉴定意见	
四、复核意见	

续表

注册会计师一：	注册会计师二：

第四，鉴定过程中与委托方的沟通备忘录。在鉴定工作中，项目组会与委托方就鉴定过程中遇到的重大困难进行沟通并形成备忘录，参考格式如下：

鉴定过程中与委托方的沟通备忘录

被鉴定单位名称：	编制人：	日期：	索引号：C-4
鉴定期间或截止日期：	复核人：	日期：	页次：

会议人员：
会议时间：
会议地点：
沟通的主要事项：
（一）鉴定过程中遇到的重大困难及处理意见
委托方代表签名： 年　月　日　　受托方代表签名： 年　月　日

第五，专家工作过程记录及其意见。在鉴定工作中，存在需要利用专家意见作为辅助证据的情况。专家工作过程记录及其意见参考格式如下：

专家工作过程记录及其意见

被鉴定单位名称：　　　　编制人：　　　日期：　　　索引号：C-5
鉴定期间或截止日期：　　复核人：　　　日期：　　　页次：

主要鉴定事项	专家意见	专家名称	主要职责及工作范围	利用专家工作的原因	工作底稿索引号

第六，干预司法鉴定活动记录表。依据司法部《司法鉴定机构　鉴定人记录和报告干预司法鉴定活动的有关规定》，干预司法鉴定活动实行零报告制度。对于有干预司法鉴定活动情形的，鉴定人或者鉴定机构其他人员应当及时固定相关证据，填写“干预司法鉴定活动记录表”并签名、存入司法鉴定业务档案，做到全程留痕，有据可查。没有干预司法鉴定活动情形的，应当在“干预司法鉴定活动记录表”中勾选“无此类情况”并签名、存入司法鉴定业务档案。表样如下：

干预司法鉴定活动记录表

案件编号	
鉴定事项	
情况记录	□无此类情况 干预人：□委托人　□案件当事人或其代理人　□鉴定机构内部人员 □司法行政机关工作人员　□其他 干预内容：□请托说情　□干预鉴定程序 □干预鉴定意见　□其他 具体情况： 鉴定人或其他人员签名：　　　年　月　日

续表

<table>
<tr><td>情况记录</td><td>□无此类情况
干预人：□案件当事人或其代理人　□鉴定机构内部人员
　　　　□司法行政机关工作人员　□其他
干预内容：□请托说情　□干预鉴定程序
　　　　　□干预鉴定意见　□其他
具体情况：

鉴定人或其他人员签名：　　　　　　年　月　日</td></tr>
<tr><td>备注</td><td></td></tr>
</table>

注：1.多于2名鉴定人或其他人员的案件，请自行增加附表。

2.山东省司法厅关于印发《山东省司法鉴定机构　司法鉴定人记录和报告干预司法鉴定活动实施办法》的通知（鲁司〔2020〕59号）第二条规定，“经山东省司法厅审核登记的司法鉴定机构、司法鉴定人在从事鉴定活动过程中适用本办法”，司法部规定未明确限制适用范围，实务中若存在此类干预情形，可参考上述格式进行记录。

第七，鉴定小结。项目组对鉴定工作实施完成后要编制鉴定小结，鉴定小结包括被鉴定单位基本情况、鉴定程序、鉴定意见及复核意见等。鉴定小结参考格式如下：

鉴定小结

被鉴定单位名称：　　编制人：　　日期：　　索引号：C-7
鉴定期间或截止日期：　　复核人：　　日期：　　页次：

<table>
<tr><td rowspan="14">被鉴定单位基本情况（可选）</td><td>单位名称</td><td></td><td>地址</td><td></td></tr>
<tr><td>法人代表</td><td></td><td>注册资本</td><td></td></tr>
<tr><td>统一社会信用代码</td><td></td><td>成立日期</td><td></td></tr>
<tr><td>经营范围</td><td></td><td>所属行业</td><td></td></tr>
<tr><td>经济性质</td><td></td><td>经营期限</td><td></td></tr>
<tr><td>工商股东</td><td>名称</td><td>持股比例</td><td>认缴出资额</td></tr>
<tr><td>1</td><td></td><td></td><td></td></tr>
<tr><td>2</td><td></td><td></td><td></td></tr>
<tr><td>3</td><td></td><td></td><td></td></tr>
<tr><td>主要高管</td><td>姓名</td><td colspan="2">职务</td></tr>
<tr><td>1</td><td></td><td colspan="2"></td></tr>
<tr><td>2</td><td></td><td colspan="2"></td></tr>
<tr><td>3</td><td></td><td colspan="2"></td></tr>
</table>

续表

被鉴定人基本情况（可选）	姓名		性别		年龄	
	身份证号码		住址			
具体鉴定事项						
鉴定程序（可另附表）						
鉴定意见	编制人签字：					
复核意见	复核人签字：					

第三部分　鉴定意见工作底稿

第一，司法鉴定意见书。司法鉴定工作初步完成后，注册会计师整理鉴定过程中形成的工作底稿，综合分析各鉴定项目意见，撰写司法鉴定意见书初稿。

第二，工作底稿复核。项目组完成司法鉴定意见书初稿后，将实施鉴定形成的底稿整理后送会计师事务所质量管理部门复核。工作底稿复核参考格式如下：

三级复核工作底稿

索引号 A-2

报告书名称		报告书编号	
被鉴定单位名称			发送份数：　份
鉴定期间		所属部门	
注册会计师审核（项目组内部复核）	1.鉴定底稿是否填写完整，记录、标识清晰，主要鉴定程序已按计划执行（　） 2.所有鉴定程序的变更均经过分析，并记录原因（　） 3.每一鉴定事项的鉴定意见均有相关证据的支持（　） 4.所有值得关注重大事项均已经得到应有的关注（　） 5.所有重要或异常的数据已有适当的解释及相关证据（　） 6.鉴定意见书上的数据和相关工作底稿一致（　） 签名：　　　　　　　　　日期：　　年　月　日		

续表

质量管理部门独立复核（项目组外部复核）	1.审核约定事项是否已实现（　） 2.关键程序的制定与实施是否恰当（　） 3.关键领域的测试是否充分（　） 4.关键依据是否充分、适当（　） 5.关键事项是否恰当（　） 6.审核意见的确定是否恰当；审核报告的表述是否规范（　） 签名：　　　　　　　　　日期：　　年　月　日
项目合伙人审核（项目组内部复核）	1.重要鉴定程序的执行是否已经实现鉴定目标（　） 2.重要项目的相关证据是否充分、适当（　） 3.重要项目之间的衔接是否充分合理，是否存在重要漏鉴项目（　） 4.项目负责人对业务经理人员的监督、指导是否恰当（　） 5.审核意见是否恰当，应披露的重要项目是否已披露（　） 签名：　　　　　　　　　日期：　　年　月　日

司法鉴定具体复核意见

（编号）____________

一、基本情况：

（一）司法会计鉴定案件编号：

（二）注册会计师：

（三）司法会计鉴定意见：

二、复核意见：

（一）关于鉴定程序：

（二）关于鉴定意见：

（三）其他事项

复核人签名：

日期：×年×月×日

第三，与委托方沟通征求意见。在出具正式司法鉴定意见书前，会计师事务所与委托方沟通征求意见形成的书面材料或记录作为工作底稿归档。征求意见函参考格式如下：

司法鉴定意见书征求意见函

索引号A-3

×××（委托人）：

根据委托，我所组成鉴定小组对××进行了鉴定，现将司法鉴定意见反馈给贵单位，请相关当事人于10个工作日内以书面形式反馈给我们，逾期视同无意见。

联系人：

联系方式：

附件：××司法鉴定意见书（征求意见稿）

×××会计师事务所（盖章）

日期：×年×月×日

第四，司法鉴定意见书签收单。会计师事务所出具司法鉴定意见书交委托人，应制作司法鉴定意见书签收单，签收单作为工作底稿归档。司法鉴定意见书签收单的参考格式如下：

司法鉴定意见书签收单

索引号A-4

×××（委托人）：

我们接受委托，对×××（委托事项）进行鉴定。现鉴定工作已完成，我们按鉴定委托书的约定提交×××（报告号）司法鉴定意见书一式×份，请予签收。

签收单位（公章）：　　　　　　　　×××会计师事务所

签收人（签字）：

日期：×年×月×日　　　　　　　　日期：×年×月×日

第五，退回鉴定材料清单。司法鉴定意见书出具后，会计师事务所应对照接收鉴定材料清单，逐一核实退回鉴定材料，并制作退回鉴定材料清单，双方签名（盖章）确认，格式参考接收鉴定材料清单，退回鉴定材料清单作为工作底稿归档。

第六，答复委托方或相关办案机关咨询。司法鉴定意见书出具后，委托方或相关办案机关可能就司法鉴定意见书中的相关事项提出咨询，会计师事务所应予以答复，交流过程中形成的书面材料或记录作为工作底稿归档。

第七，延长鉴定时限告知书。鉴定事项涉及复杂、疑难、特殊技术问题或者鉴定过程需要较长时间的，经会计师事务所负责人批准，完成鉴定的时限可以延长。会计师事务所与委托人对鉴定时限另有约定的，从其约定。会计师事务所应制作延长鉴定时限告知书告知委托人。延长鉴定时限告知书的参考格式如下：

×××会计师事务所

延长鉴定时限告知书

索引号A-7

（编号）______________

×××（委托人）：

贵单位委托我所的_______鉴定一案，我所已受理（编号：_______）并开展了相关鉴定工作，现由于×××××××××（原因）无法在规定的时限内完成该鉴定，依据《司法鉴定程序通则》第二十八条的规定，经我所负责人批准，需延长鉴定时限________日，至×年×月×日。

联系人：×××；联系电话：×××。

特此告知。

×××会计师事务所（公章）

×年×月×日

第八，中止鉴定告知书。遇有鉴定材料不完整、不充分，致使鉴定受阻，或者委托方不按约定时间、约定的鉴定进展支付鉴定费用，估计后续收费难以实现等情形时，会计师事务所可以中止鉴定，制作中止鉴定告知书告知委托人。中止鉴定告知书的参考格式如下：

×××会计师事务所

中止鉴定告知书

索引号A-8

（编号）____________

×××（委托人）：

贵单位委托我所的_____________鉴定一案，（编号：_______），现因×××××××××（原因）致使鉴定工作暂时无法继续进行，鉴定工作中止。中止鉴定期间不计入鉴定时限。

联系人：×××；联系电话：×××。

特此告知。

××××会计师事务所（公章）

×年×月×日

第九，终止鉴定告知书。遇有《司法鉴定程序通则》第二十九条规定情形的，会计师事务所应终止鉴定，制作终止鉴定告知书告知委托人。终止鉴定告知书（索引号A-9）的参考格式如下：

×××会计师事务所
终止鉴定告知书

索引号A-9

（编号）____________

×××（委托人）：

贵单位委托我所的____________鉴定一案，（编号：_______），现因×××××××××（原因）致使鉴定工作无法继续进行。

参照《司法鉴定程序通则》第二十九条第（×）款“……（引原文）”之规定，我所决定终止此次鉴定工作。

请于×年×月×日前到我所办理退费、退还鉴定材料等手续。

联系人：×××；联系电话：×××。

特此告知。

×××会计师事务所（公章）

×年×月×日

第十，司法鉴定意见书补正。司法鉴定意见书出具后，发现存在图像、谱图、表格不清晰，签名、盖章或者编号不符合制作要求，文字表达有瑕疵或者错别字等问题，但不影响司法鉴定意见的，可以在原司法鉴定意见书上进行，由至少1名注册会计师在补正处签名。必要时，可以出具补正书。对司法鉴定意见书进行补正，不得改变司法鉴定意见的原意。司法鉴定意见补正书（索引号A-10）的参考格式如下：

×××会计师事务所
司法鉴定意见补正书

（编号）____________

×××（委托人）：

根据贵单位委托，我所已完成鉴定并出具了司法鉴定意见书（编号:________)。我所现发现该司法鉴定意见书存在以下不影响鉴定意见原意的瑕疵性问题，现予以补正：

1.（需补正的具体位置、补正理由及补正结果）

2.（需补正的具体位置、补正理由及补正结果）

3.（需补正的具体位置、补正理由及补正结果）

……

附件:（如补正后的图像、谱图、表格等）

注册会计师签名（打印文本和亲笔签名）
及《中国注册会计师》证号

×××会计师事务所（公章）
×年×月×日

第十一，补充鉴定工作底稿。司法鉴定意见书出具后，委托人认为原委托鉴定事项有遗漏，或者委托人就原委托鉴定事项提供新的鉴定材料，可以补充鉴定。补充鉴定工作底稿的形成及复核与实施鉴定工作底稿相同。

第四部分　出庭作证工作底稿

第一，人民法院出庭作证通知书。司法鉴定意见书出具后，公诉人、当事人或者辩护人、诉讼代理人对鉴定意见有异议，人民法院认为注册会计师有必要出庭的，向注册会计师发出出庭作证通知书，注册会计师应出庭作证。出庭作证通知书作为工作底稿归档。

第二，质证意见书。公诉人、当事人或者辩护人、诉讼代理人申请注册会计师出庭作证，同时提交质证意见书，人民法院转交给注册会计师的质证意见书作为工作底稿归档。

第三，答复意见或答复提纲。注册会计师接到出庭作证通知书后，针对质证意见书提出的问题拟定答复意见或答复提纲，答复意见或答复提纲作为工作底稿归档。

第四，出庭作证相关记录。注册会计师应书面记录出庭作证的过程及答复的问题，出庭作证相关记录作为工作底稿归档。

②工作底稿归档

为便于阅卷，司法鉴定工作底稿按鉴定意见工作底稿、业务承接工作底稿、实施鉴定工作底稿及出庭作证工作底稿的顺序归档。鉴定过程中形成的、鉴定意见未采用的工作底稿，则作为备查资料一并归档。

各部分工作底稿归档图示如下：

×××会计师事务所

×××（被鉴定单位）司法鉴定工作底稿

总目录

序号	工作底稿类别	索引号	备注
1	**鉴定意见工作底稿**	A	
1-1	司法鉴定意见书	A-1	
1-2	工作底稿复核	A-2	
1-3	司法鉴定意见书征求意见函	A-3	
1-4	司法鉴定意见书签收单	A-4	
1-5	退回鉴定材料清单	A-5	
1-6	答复委托方或相关办案机关咨询	A-6	
1-7	延长鉴定时限告知书	A-7	
1-8	中止鉴定告知书	A-8	
1-9	终止鉴定告知书	A-9	
1-10	司法鉴定意见补正书	A-10	
1-11	补充鉴定工作底稿	A-11	
2	**业务承接工作底稿**	B	
2-1	委托通知及基本情况介绍资料	B-1	

续表

序号	工作底稿类别	索引号	备注
2–2	业务承接风险评估表	B–2	
2–3	司法鉴定委托书	B–3	
2–4	司法会计鉴定告知书	B–4	
2–5	接收鉴定材料清单	B–5	
2–6	保密承诺书	B–6	
3	**实施鉴定工作底稿**	C	
3–1	项目组成员独立性确认函	C–1	
3–2	鉴定总体策略及具体计划	C–2	
3–3	鉴定过程形成的工作底稿（各鉴定项目汇总）	C–3	
3–3–1	鉴定过程形成的工作底稿（具体鉴定项目 1）	C–3–1	
3–3–2	鉴定过程形成的工作底稿（具体鉴定项目 2）	C–3–2	
3–3–3	鉴定过程形成的工作底稿（具体鉴定项目 3）	C–3–3	
3–4	鉴定过程中与委托方的沟通备忘录	C–4	
3–5	专家工作过程记录及其意见	C–5	
3–6	干预司法鉴定活动记录表	C–6	
3–7	鉴定小结	C–7	
4	**出庭作证工作底稿**	D	
4–1	人民法院出庭作证通知书	D–1	
4–2	质证意见书	D–2	
4–3	答复意见或答复提纲	D–3	
4–4	出庭作证相关记录	D–4	
5	**备查资料**	E	
5–1	鉴定意见未采用的工作底稿（1）	E–1	
5–2	鉴定意见未采用的工作底稿（2）	E–2	
5–3		E–3	
5–4		E–4	

（2）归档要求

会计师事务所在出具司法鉴定意见书后将相关工作底稿归整为最

终业务档案是一项事务性的工作。会计师事务所应当贯彻执行国家有关档案、保密的规定和制度以及执业准则要求，建立司法鉴定业务档案工作制度。司法鉴定业务档案应当由会计师事务所集中管理，并接受所在地省级财政部门和档案行政管理部门的指导、监督和检查。

①司法鉴定业务档案的整理

司法鉴定业务档案卷内文书材料一般包含下列内容：

A.案卷封面；

B.卷内目录；

C.司法鉴定委托书；

D.鉴定材料复印件；

E.检验鉴定过程实时记录（包括检查记录、项目组讨论记录、听证会记录、关键图表等在鉴定过程中形成的记录）；

F.司法鉴定底稿；

G.司法鉴定意见书；

H.收费凭据（存根或复印件）；

I.送达回证；

J.与司法鉴定有关的其他资料；

K.卷内备考表；

L.案卷封底。

案卷封面的制作应当符合：案卷封面可打印或书写。书写的，应用蓝黑墨水或碳素墨水，字迹要工整、清晰、规范；案卷封面应包括立卷单位、案卷类别、案卷题名、归档日期、保管期限、案卷号等内容。

卷内目录的制作及卷内材料编号应当符合：案卷封面、卷内目录及案卷封底不标页码；卷内目录应按顺序逐一载明卷内材料，并标明起始页码；卷内材料经过系统排列后，应在有文字的材料正面的右上角、背面的左上角用阿拉伯数字通编页码。

卷内备考表应当载明：与本案卷有关的声像人、影像等资料的归档情况；案卷归档后经会计师事务所负责人同意入卷或撤出的材料情况；立卷人、会计师事务所负责人、档案管理人员的姓名；立卷日期、接收日期；其他需要说明的事项。

需要说明的是，注册会计师应按照《中国注册会计师审计准则第1131号——审计工作底稿》要求在出具司法鉴定意见书后60日内完成立卷归档工作。

②司法鉴定业务档案的保管

会计师事务所应设立专门的档案场所，并配备业务档案柜、装具消防器材等必要的设施设备，做到防火、防盗、防潮、防高温、防鼠、防虫、防光、防污染。室内应保持清洁、整齐、通风。严禁在档案室内外存放易燃、易爆物品。

司法鉴定业务档案可以纸质和电子文档形式存在，以电子文档保管时，同时应保留已扫描的原纸质记录。不同载体、不同保管期限和不同年度的业务档案，应分别存放编号，做到排列有序，查找方便。

档案管理人员应定期对档案进行检查和清点，对破损、变质、字迹褪色等档案要及时采取防治措施，并进行修补和复制。

③司法鉴定业务档案的查阅和借调

会计师事务所应当建立司法鉴定业务档案的查阅和借调制度。档案的查阅和借调分为会计师事务所内部和外部工作人员查阅和借调。

会计师事务所外部人员因工作需要查阅和借调，包括：

第一，人民法院、人民检察院、公安机关、安全机关和有关国家机关因工作需要，要求查阅有关司法鉴定业务档案，应出具正式查卷函件，经会计师事务所负责人批准后办理查阅手续；需要借调档案的，经会计师事务所负责人批准后，应确定归还期限，明确相关负责人，并办理正式借调登记手续。借调人借出的档案不得转借其他单位或人员使用。

第二，除人民法院、人民检察院、公安机关、安全机关等部门因办案需要外，其他单位和个人一般不得查阅和借调司法鉴定业务档案。

凡经批准允许查阅或借阅的档案，可摘抄或复印卷内材料内容。

查阅人或借阅人复印的卷内材料，由档案管理人员核对后，注明“复印件与案卷材料一致”的字样，并加盖会计师事务所印章。

司法鉴定业务档案的查阅和借调，不得违反国家有关知识产权、保密等法律法规的规定。

④司法鉴定业务档案的权属与处置

司法鉴定业务档案所有权归属于会计师事务所，并由其依法实施管理。

⑤司法鉴定业务档案的信息化管理

会计师事务所应当加强信息化建设，充分运用现代信息技术手段强化司法鉴定业务档案管理，不断提高业务档案管理水平和利用效能。

会计师事务所对执业过程中形成的具有保存价值的电子鉴定资料，应当采用有效的存储格式和存储介质归档保存，建立健全防篡改机制，确保电子业务档案的真实、完整及安全。

会计师事务所应当建立电子业务档案备份管理制度，定期对电子业务档案的保管情况、可读取状况等进行测试、检查，发现问题及时处理。

（二）公安机关、监察机关、检察机关委托鉴定业务流程及注意事项

1. 公安机关委托鉴定业务流程及注意事项

（1）公安机关委托鉴定的法律依据及对审计/鉴定的理解

《中华人民共和国刑事诉讼法》中关于鉴定的主要内容：第五十条“可以用于证明案件事实的材料，都是证据。证据包括：……（六）

鉴定意见；……证据必须经过查证属实，才能作为定案的根据”、第一百四十六条“为了查明案情，需要解决案件中某些专门性问题的时候，应当指派、聘请有专门知识的人进行鉴定”、第一百四十七条“鉴定人进行鉴定后，应当写出鉴定意见，并且签名。鉴定人故意作虚假鉴定的，应当承担法律责任”及第一百四十八条“侦查机关应当将用作证据的鉴定意见告知犯罪嫌疑人、被害人。如果犯罪嫌疑人、被害人提出申请，可以补充鉴定或者重新鉴定”。

公安机关在刑事诉讼中的主要任务，是保证准确、及时地查明犯罪事实，正确应用法律，惩罚犯罪分子，保障无罪的人不受刑事追究。《公安机关办理刑事案件程序规定》(公安部令第127号）对鉴定的要求进行了细化，主要内容摘录如下：

第二百三十九条　为了查明案情，解决案件中某些专门性问题，应当指派、聘请有专门知识的人进行鉴定。需要聘请有专门知识的人进行鉴定，应当经县级以上公安机关负责人批准后，制作鉴定聘请书。

第二百四十条　公安机关应当为鉴定人进行鉴定提供必要的条件，及时向鉴定人送交有关检材和对比样本等原始材料，介绍与鉴定有关的情况，并且明确提出要求鉴定解决的问题。禁止暗示或者强迫鉴定人作出某种鉴定意见。

第二百四十一条　侦查人员应当做好检材的保管和送检工作，并注明检材送检环节的责任人，确保检材在流转环节中的同一性和不被污染。

第二百四十二条　鉴定人应当按照鉴定规则，运用科学方法独立进行鉴定。鉴定后，应当出具鉴定意见，并在鉴定意见书上签名，同时附上鉴定机构和鉴定人的资质证明或者其他证明文件。多人参加鉴定，鉴定人有不同意见的，应当注明。

第二百四十三条　对鉴定意见，侦查人员应当进行审查。对经审查作为证据使用的鉴定意见，公安机关应当及时告知犯罪嫌疑人、被害人或者其法定代理人。

第二百四十四条　犯罪嫌疑人、被害人对鉴定意见有异议提出申请，以及办案部门或者侦查人员对鉴定意见有疑义的，可以将鉴定意见送交其他有专门知识的人员提出意见。必要时，询问鉴定人并制作笔录附卷。

第二百四十五条　经审查，发现有下列情形之一的，经县级以上公安机关负责人批准，应当补充鉴定：

（一）鉴定内容有明显遗漏的；

（二）发现新的有鉴定意义的证物的；

（三）对鉴定证物有新的鉴定要求的；

（四）鉴定意见不完整，委托事项无法确定的；

（五）其他需要补充鉴定的情形。

经审查，不符合上述情形的，经县级以上公安机关负责人批准，作出不准予补充鉴定的决定，并在作出决定后3日以内书面通知申请人。

第二百四十六条　经审查，发现有下列情形之一的，经县级以上公安机关负责人批准，应当重新鉴定：

（一）鉴定程序违法或者违反相关专业技术要求的；

（二）鉴定机构、鉴定人不具备鉴定资质和条件的；

（三）鉴定人故意作虚假鉴定或者违反回避规定的；

（四）鉴定意见依据明显不足的；

（五）检材虚假或者被损坏的；

（六）其他应当重新鉴定的情形。

重新鉴定，应当另行指派或者聘请鉴定人。

经审查，不符合上述情形的，经县级以上公安机关负责人批准，作出不准予重新鉴定的决定，并在作出决定后3日以内书面通知申请人。

第二百四十七条　公诉人、当事人或者辩护人、诉讼代理人对鉴定意见有异议，经人民法院依法通知的，公安机关鉴定人应当出庭作证。鉴定人故意作虚假鉴定的，应当依法追究其法律责任。

第二百四十八条　对犯罪嫌疑人作精神病鉴定的时间不计入办案期限，其他鉴定时间都应当计入办案期限。

《中华人民共和国刑事诉讼法》及《公安机关办理刑事案件程序规定》全文均无审计、鉴证等词，只有鉴定，且鉴定意见是证据，需经过查证属实，才可以作为定案的根据。

可见，鉴定属于司法活动，是一项严肃的法律工作，尤其是刑事案件涉及犯罪，会计师事务所的鉴定意见作为证据之一，对犯罪嫌疑人、被害人都具有重大影响，因此要慎之又慎，严格遵守上述法律、部门规章的有关规定，同时按照行业专业技术要求进行鉴定，解决公安机关、公诉人、当事人等有关会计、审计等专门性问题。会计审计是专门技术方法，是手段，鉴定是目的，以查明案件事实为终极目标，法律为准绳，不可滥用鉴定，更要在鉴定过程中尊重会计审计行业专业技术标准。注册会计师从事司法会计鉴定侧重于运用会计审计、财务税务理论和实践解决涉及该领域的司法鉴定专门性问题，不同于通常意义上注册会计师审计、鉴证工作侧重于增强报告使用者的信赖程度。从这个角度上来说，注册会计师从事司法会计鉴定不同于审计，但是其又需要审计作为支撑，是基础，是一个专门行业分类，可以为公安机关解决有关专业技术性问题。

（2）公安机关委托鉴定业务流程

①公安机关对会计师事务所的选取

公安机关选取会计师事务所通常采用政府采购方式，包括公开招标、邀请招标、竞争性谈判及询价方式。

通常情况下在人民法院委托鉴定系统机构库内选取会计师事务所，初次委托司法会计鉴定业务时，一般在机构库内随机选取4~5家会计师事务所，然后分别进行访谈，访谈内容主要包括：了解事务所的人员构成及业务胜任能力，以前承接类似业务的情况，承接本次业务人员配备情况，然后进行比价、谈判等程序，选取性价比最高的事务所进行合作。

有的公安机关通过山东省政府采购网上商城采用询价方式选取会计师事务所进行司法会计鉴定。

②会计师事务所在承接前应与公安机关充分沟通

对于公安机关的委托，会计师事务所首先要了解案情，阅读涉案的相关资料，听取案情介绍，在公安机关的组织下与委托人会谈，现场反馈未明事项。通过与公安机关充分沟通，明确鉴定目标、鉴定范围及鉴定要求、出具报告的时间等。会计师事务所在承接业务前还应关注事务所或执业注册会计师与委托人或被审计对象是否存在影响独立性的利害关系。

③初步审查鉴定材料

会计师事务所应对委托人提供的鉴定材料进行初步审查，审查中应重点关注鉴定材料的真实性、完整性、关联性及充分性。经初步审查认为鉴定材料不完整、不充分，不能满足鉴定需要的，会计师事务所应要求委托人补充材料。关于鉴定材料的完整性，是相对于具体委托事项而言的。鉴定材料有部分缺陷，但不影响注册会计师发表鉴定意见，可认为鉴定材料是完整的。例如，对于资金流动的委托事项，已提供会计凭证但无会计账簿，注册会计师可对会计凭证实施相关鉴定程序得出鉴定意见，则可认为鉴定材料是完整的；又如，对于资金流动的委托事项，办案机关已调取涉案银行账户流水清单，注册会计师可对银行账户流水清单实施相关鉴定程序得出鉴定意见，不能因无相关会计资料而认定鉴定材料不完整；再如，对于办案机关特定委托事项（如销售伪劣商品、销售假药等），办案机关已扣押相关涉案收据，注册会计师可对涉案收据实施相关鉴定程序得出鉴定意见，不能因无相关会计资料而认定鉴定材料不完整。

④对鉴定风险进行初步评估

会计师事务所通过了解案情，初步审查鉴定材料后，对拟承接的鉴定业务进行初步风险评估。具体从以下几个方面考虑：鉴定材料是否合法取得并真实、完整及充分；鉴定事项、用途是否合法、是否违背社会公德；鉴定要求是否符合有关鉴定规则或行业技术规范；会计师事务所是否有能力承接此项鉴定；会计师事务所与委托人有无利害关系，是否影响独立性。

⑤是否受理鉴定业务

会计师事务所根据初步风险评估的结果编制业务承接评价表，综合分析各方面因素后确定是否接受委托。业务承接评价表应详细记录委托事项，会计师事务所是否有足够的具有必要素质的专业胜任能力的人员，会计师事务所及项目组人员是否具有独立性，以及是否能够在规定期限内完成鉴定业务等内容。

⑥发出《鉴定委托函》及《业务约定书》的签订

公安机关委托会计师事务所进行鉴定，应当向会计师事务所发出《鉴定委托函》，会计师事务所应当统一受理鉴定业务。

双方达成一致后，公安机关会给中标事务所出具《鉴定委托函》，《鉴定委托函》后附《鉴定委托书》中应当载明委托人名称、会计师事务所名称、委托鉴定事项、鉴定用途、与鉴定有关的基本案情、鉴定材料的提供和退还、鉴定风险，以及双方商定的鉴定时限、鉴定费用及收取方式、双方权利义务等其他需要载明的事项。事务所收到《鉴定委托函》后，可与委托方签订《业务约定书》，在《业务约定书》中约定鉴定目的，明确鉴定范围，需要完成的具体工作内容，鉴定的特别要求，提交报告的时间，业务收费等。

值得注意的是，目前办案机关发出的部分委托鉴定事项不明确，比如："对某公司财务账册进行鉴定""对某案的相关事项进行鉴定"等。因委托鉴定事项不明确，导致会计师事务所实施鉴定困难，也增加了鉴定风险。出现此类情况时，会计师事务所应在了解案情、明确鉴定目标后，主动提出司法会计鉴定事项并与委托方协商、确认，对委托方提出超出司法会计鉴定范围又协商不成的，会计师事务所应当拒绝受理。

⑦接收、领用、保管、退还鉴定材料

第一，鉴定材料的接收。委托人向会计师事务所介绍的情况、提供的鉴定材料应当客观真实，来源清楚可靠，并对鉴定材料来源的真实性、合法性负责。会计师事务所应当核对并记录鉴定材料的名称、种类、数量、性状、保存状况、接收时间等，编制"接收鉴定材料清单"，经委托方盖章或签名确认。

第二，鉴定材料的保管与领用。对取得的鉴定材料，会计师事务所应当单独存放并指定专人保管，定期清点鉴定材料，确保鉴定材料的安全、完整。鉴定材料需要建立领用登记制度，鉴定人员调阅鉴定材料的，需要详细登记领用材料的名称、数量等，并签字确认。领用鉴定材料后应及时归还，保管人员应详细记录鉴定材料的领用与交还情况，领用人员与保管人员共同签名确认。

第三，鉴定材料的退还。鉴定意见出具后，鉴定材料就可以退还给委托方，如果在审判过程中需要会计师事务所出庭接受质询，则可以在审判程序结束后再行交接。在交接过程中双方可以按照"接收鉴定材料清单"明细进行逐项交接。

⑧获取补充鉴定材料应符合法定程序

公安机关受理的案件往往处于侦办阶段，其前期提供的鉴定材料可能不能完全满足鉴定的要求，鉴定材料的获取在整个鉴定过程中都会处于不断完善的状态。接受委托进行鉴定的会计师事务所对提供的鉴定材料不满足鉴定需要的，应及时主动向侦查机关反映，通过侦查机关提请当事人补充提供鉴定材料。注册会计师不得自行向相关单位或人员收集鉴定材料，应通过侦查机关或在侦查人员主持下收集、获取鉴定材料。

⑨鉴定过程

司法鉴定要遵循《司法鉴定程序通则》，注册会计师进行鉴定，应当对鉴定过程进行实时记录并签名；记录可以采取笔记、录音、录像、拍照等方式；记录的内容应当真实、客观、准确、完整、清晰，记录的文本或者音像载体应当妥善保存。

⑩鉴定意见

第一，注册会计师在作出鉴定意见时不能就超出专门性问题的范围作出主观或法律方面的评价。注册会计师只能根据公安机关提供的资料，对一笔款项的来源与去处的事实作出意见，只能证明该笔款项收付的事实，但不能评价该笔款项的收付是否涉及犯罪事项。又如，在形成鉴定意见时，注册会计师不能使用诸如“××案当事人挪用公款×××元”“××案当事人故意造成直接经济损失×××元”等超出专门性问题的法律定性表述。

超范围鉴定的原因主要有两方面：

一是公安机关所提委托鉴定事项超出司法会计鉴定范围。如公安机关所提的委托鉴定事项为“对丁某职务侵占数额进行鉴定”，是否存在职务侵占，明显是法律问题而不是财务会计专门性问题，不应该交由会计专家判断。

二是注册会计师错误认为，司法会计鉴定的目的是解决法律问题，在此错误认识指导下，理所当然全盘接受司法机关所提的超范围鉴定事项，鉴定意见对法律问题作出判断，明显带有“以鉴代判”性质，说明注册会计师不了解司法会计鉴定的对象是什么，对司法会计鉴定缺乏充分的认识。

第二，注册会计师在作出司法会计鉴定意见时不应发表推测、猜测或建议性意见。注册会计师依法作出的鉴定意见证据，必须是根据客观存在的真实情况，而不是推测、猜测的主观之物，不能凭估计说话，也不能发表建议性的意见。在鉴定过程中，如果注册会计师遇到确因书面资料缺损而无法作出鉴定意见的情况，可以不接受委托或只对其可以鉴定的部分作出鉴定意见。

第三，确保报告表述和意见的严谨性。

一是注册会计师应避免对超出专业领域的事项发表意见。注册会计师的专业领域是对财务会计信息进行鉴定，应避免对经济往来、会计行为等是否构成违法犯罪，当事人是否主观故意或过失等法律问题发表意见；要避免在基本情况、鉴定过程、鉴定结果等报告各部分内容中，对某笔款项或某个行为冠以“违法”字眼或直接引用罪名进行表述；对超出专业领域以外的委托事项要予以指明并要求变更相关事项。

二是避免超出委托范围发表意见或发表假设性意见。当事人往往对账务核算、金额计算的范围和方式等存在争议，注册会计师应严格按照委托书确定的范围、方式进行鉴定，委托书未明确的，应请求侦查机关指明，避免自行确定或以假设前提发表意见。

三是鉴定严重受限情况下，鉴定意见书不应在鉴定过程、鉴定情况等部分反映具有鉴定结果、意见性质的内容。注册会计师不得通过模糊化的意见书表述或模棱两可的意见满足相关方对报告的使用需要。

（3）公安机关委托鉴定注意事项

①规范和谨慎业务承接，充分考虑专业胜任能力，防范执业风险。

目前经济活动日益复杂化，鉴定风险与日俱增，会计师事务所要建立完善的业务承接管理制度，在接受委托前，应当充分了解委托事项的内容、性质和工作量以及鉴定工作受限影响等情况，是否超出鉴定专业范围委托，在关注舞弊和鉴定失败风险的同时，研判完成鉴定工作所需的成本，充分评估鉴定人员专业胜任能力和出庭质证应对投诉等能力和精力情况，重视业务约定条款内容的完整性和规范性，审慎承接业务。

②充分获取鉴定证据，加强鉴定过程控制，保证鉴定质量。

司法会计鉴定业务不同于一般审计业务，有其特有风险。会计师事务所在从事司法会计鉴定业务时，要始终牢固树立法律意识，熟悉司法诉讼相关的法律、法规、政策规定，充分获取鉴定依据、避免主观判断，不受案件当事人和公安部门的主观意见影响，坚持独立、客观、公正的执业准则，重视选择鉴定方法，加强司法会计鉴定业务全过程控制，特别是重点关键环节控制和鉴定证据的搜集和整理。严控风险，避免卷入案件纠纷给会计师事务所发展带来负面影响。

③牢固树立法律意识，确保鉴定意见书表述和意见的严谨性。

会计师事务所和注册会计师应深入研究司法会计鉴定业务特性，严格把握审计鉴证报告和司法会计鉴定意见书的区别，规范报告格式，审慎发表鉴定意见。特别关注、重视鉴定意见用词，不发表超出注册会计师专业胜任能力和委托范围的鉴定意见，严格按照委托书确定的范围、方式进行鉴定。委托书未明确的，应要求委托方补充明确，不自行确定或以假设前提发表意见，切实防控风险。在鉴定范围严重受限时，事务所不得通过模糊化的表述或模棱两可的意见来满足相关方的需要。

需要注意的是，以上为编者根据行业理论或专家实务经验整理的业务流程和注意事项，仅供参考。编者并未找到专门针对公安机关对外委托鉴定的管理办法，从网上找到的2017年2月16日公安部公通字〔2017〕6号印发的《公安机关鉴定规则》（公安部网站搜索无）虽适用公安机关所属鉴定机构和人员，但会计师事务所接受公安机关委托从事鉴定也可参考其相关要求，规避有关鉴定风险。

2. 监察机关委托鉴定业务流程及注意事项

（1）监察机关委托鉴定的法律依据及对鉴定/审计的理解

根据《中华人民共和国监察法》第二十六条“监察机关在调查过

程中，可以直接或者指派、聘请具有专门知识、资格的人员在调查人员主持下进行勘验检查。勘验检查情况应当制作笔录，由参加勘验检查的人员和见证人签名或者盖章”及第二十七条“监察机关在调查过程中，对于案件中的专门性问题，可以指派、聘请有专门知识的人进行鉴定。鉴定人进行鉴定后，应当出具鉴定意见，并且签名”的规定，检察机关可以指派或者聘请有专门知识的人进行勘验检查和鉴定。《中华人民共和国监察法》全文无对审计、鉴证的描述。

根据《中华人民共和国监察法实施条例》第五十五条“监察机关在初步核实中，可以依法采取谈话、询问、查询、调取、勘验检查、鉴定措施”及第五十九条“可以用于证明案件事实的材料都是证据，包括：（一）物证；（二）书证；（三）证人证言；（四）被害人陈述；（五）被调查人陈述、供述和辩解；（六）鉴定意见；（七）勘验检查、辨认、调查实验等笔录；（八）视听资料、电子数据”的规定，可知勘验检查、鉴定均为调查措施，鉴定意见、勘验检查笔录均是证据。

根据《中华人民共和国监察法实施条例》第六十二条、第六十三条的规定，监察机关调查终结的职务违法案件、职务犯罪案件，应当事实清楚，证据确实、充分。证据确实、充分，应当符合下列条件：（一）定性处置、定罪量刑的事实都有证据证明；（二）定案证据均经法定程序查证属实；（三）据以定案的证据之间不存在无法排除的矛盾；（四）综合全案证据，所认定事实已排除合理怀疑，清晰且令人信服。证据不足的，不得移送人民检察院审查起诉。

鉴定意见是对案件专门性问题所作的判断，不是鉴定人就其所了解的案件事实所作的陈述，本质上具有“意见证据”和言词证据的属性，仅仅属于一种证据材料，并不具有预定的法律效力，依然要经过法定程序查证属实，才能作为定案的根据。《最高人民法院关于适用〈中华人民共和国刑事诉讼法〉的解释》（法释〔2021〕1号）第五节鉴定意见的审查与认定，明确规定了对鉴定意见应当着重审查的内容：

（一）鉴定机构和鉴定人是否具有法定资质；

（二）鉴定人是否存在应当回避的情形；

（三）检材的来源、取得、保管、送检是否符合法律、有关规定，与相关提取笔录、扣押清单等记载的内容是否相符，检材是否可靠；

（四）鉴定意见的形式要件是否完备，是否注明提起鉴定的事由、鉴定委托人、鉴定机构、鉴定要求、鉴定过程、鉴定方法、鉴定日期等相关内容，是否由鉴定机构盖章并由鉴定人签名；

（五）鉴定程序是否符合法律、有关规定；

（六）鉴定的过程和方法是否符合相关专业的规范要求；

（七）鉴定意见是否明确；

（八）鉴定意见与案件事实有无关联；

（九）鉴定意见与勘验、检查笔录及相关照片等其他证据是否矛盾；存在矛盾的，能否得到合理解释；

（十）鉴定意见是否依法及时告知相关人员，当事人对鉴定意见有无异议。

鉴定意见具有下列情形之一的，不得作为定案的根据：

（一）鉴定机构不具备法定资质，或者鉴定事项超出该鉴定机构业务范围、技术条件的；

（二）鉴定人不具备法定资质，不具有相关专业技术或者职称，或者违反回避规定的；

（三）送检材料、样本来源不明，或者因污染不具备鉴定条件的；

（四）鉴定对象与送检材料、样本不一致的；

（五）鉴定程序违反规定的；

（六）鉴定过程和方法不符合相关专业的规范要求的；

（七）鉴定文书缺少签名、盖章的；

（八）鉴定意见与案件事实没有关联的；

（九）违反有关规定的其他情形。

经人民法院通知，鉴定人拒不出庭作证的，鉴定意见不得作为定案的根据。

鉴定人由于不能抗拒的原因或者有其他正当理由无法出庭的，人民法院可以根据情况决定延期审理或者重新鉴定。

鉴定人无正当理由拒不出庭作证的，人民法院应当通报司法行政机关或者有关部门。

鉴定结果关乎对涉案人的事实认定，更关乎法纪的威严，不得有丝毫疏忽，需要严谨公正。

（2）监察机关委托鉴定业务流程及注意事项

监察机关调查同公安机关侦查及检察院自行侦查职能类似，其在调查过程中委托鉴定的业务流程及注意事项同公安机关，不再赘述。以下为《中华人民共和国监察法实施条例》关于勘验检查及鉴定的有关规定，供知悉。

根据《中华人民共和国监察法实施条例》第一百三十六条至第一百三十八条规定，监察机关可以依法对与违法犯罪有关的场所、物品、电子数据等进行勘验检查。需要委托勘验检查的，应当出具《委托勘验检查书》，送具有专门知识、勘验检查资格的单位（人员）办理。勘验检查应当由2名以上调查人员主持，邀请与案件无关的见证人在场。勘验检查情况应当制作笔录，并由参加勘验检查人员和见证人签名。勘验检查现场、拆封电子数据存储介质应当全程同步录音录像。对现场情况应当拍摄现场照片、制作现场图，并由勘验检查人员签名。

《中华人民共和国监察法实施条例》第十二节鉴定规定：

监察机关为解决案件中的专门性问题，按规定报批后，可以依法进行鉴定。鉴定时应当出具《委托鉴定书》，由2名以上调查人员送交具有鉴定资格的鉴定机构、鉴定人进行鉴定。监察机关可以依法对案件中涉及的财务会计资料及相关财物进行会计鉴定。监察机关应当为鉴定提供必要条件，向鉴定人送交有关检材和对比样本等原始材料，介绍与鉴定有关的情况。调查人员应当明确提出要求鉴定事项，但不得暗示或者强迫鉴定人作出某种鉴定意见。鉴定人应当在出具的鉴定意见上签名，并附鉴定机构和鉴定人的资质证明或者其他证明文件。多个鉴定人的鉴定意见不一致的，应当在鉴定意见上记明分歧的内容和理由，并且分别签名。监察机关对于法庭审理中依法决定鉴定人出庭作证的，应当予以协调。鉴定人故意作虚假鉴定的，应当依法追究法律责任。调查人员应当对鉴定意见进行审查。对经审查作为证据使用的鉴定意见，应当告知被调查人及相关单位、人员，送达《鉴定意见告知书》。被调查人或者相关单位、人员提出补充鉴定或者重新鉴定申请，经审查符合法定要求的，应当按规定报批，进行补充鉴定或者重新鉴定。对鉴定意见告知情况可以制作笔录，载明告知内容和被告知人的意见等。

经审查具有下列情形之一的，应当补充鉴定：

（一）鉴定内容有明显遗漏的；

（二）发现新的有鉴定意义的证物的；

（三）对鉴定证物有新的鉴定要求的；

（四）鉴定意见不完整，委托事项无法确定的；

（五）其他需要补充鉴定的情形。

经审查具有下列情形之一的，应当重新鉴定：

（一）鉴定程序违法或者违反相关专业技术要求的；

（二）鉴定机构、鉴定人不具备鉴定资质和条件的；

（三）鉴定人故意作出虚假鉴定或者违反回避规定的；

（四）鉴定意见依据明显不足的；

（五）检材虚假或者被损坏的；

（六）其他应当重新鉴定的情形。

决定重新鉴定的，应当另行确定鉴定机构和鉴定人。

3. 检察机关委托鉴定业务流程及注意事项

（1）检察机关司法会计工作及有关规定内容

2015年7月31日最高人民检察院发布的《人民检察院司法会计工作细则（试行）》（高检发技字〔2015〕27号）第二条规定，司法会计工作主要包括：协助案件承办部门发现案件线索、确定侦查范围、收集相关证据；进行司法会计鉴定，并根据办案需要参与法庭审理活动；对案件涉及的相关技术性证据材料进行审查。

司法会计鉴定是三项司法会计工作之一，实务中会计师事务所及注册会计师可能不仅从事检察机关的司法会计鉴定工作，也可能从事司法会计技术协助或司法会计技术性证据审查工作，都需要遵循《人民检察院司法会计工作细则（试行）》的有关规定，以下仅摘录主要内容：

第五条　司法会计技术协助主要包括：

（一）协助案件承办人员发现、提取、固定相关证据；

（二）协助案件承办人员对财务会计资料及相关财物进行检查；

（三）对案件相关问题提供分析意见，根据需要参加案件讨论；

（四）其他需要进行司法会计技术协助的事项。

第七条　司法会计人员参加勘验检查、搜查、扣押、调取证据的，应当在案件承办人员的主持下，按照相关规定进行，必要时可制作相关工作说明等。

第八条　司法会计鉴定是指在诉讼活动中，为了查明案情，由具有专门知识的人员，对案件中涉及的财务会计资料及相关材料进行检验，对需要解决的财务会计问题进行鉴别判断，并提供意见的一项活动。

第九条　司法会计鉴定范围：

（一）资产历史成本的确认；

（二）资产应结存额及结存差异的确认；

（三）财务往来账项的确认；

（四）经营损益、投资损益的确认；

（五）会计处理方法及结果的确认；

（六）其他需要通过检验分析财务会计资料确认的财务会计问题。

第十一条　委托鉴定应当提供以下材料：

（一）鉴定涉及的财务会计资料及相关材料，如会计报表、总分类账、明细分类账、记账凭证及所附原始凭证、银行对账单等；

（二）与鉴定有关的勘验检查笔录、扣押清单、调取证据通知书等；

（三）鉴定所需的其他相关材料。

第十二条　检察技术部门收到委托鉴定书后，应当开展以下审查工作：

（一）查验委托手续是否符合要求；

（二）了解与鉴定有关的案件情况，审查、明确鉴定要求；

（三）审查送检材料是否具备鉴定条件；

（四）审查送检材料中的复制材料来源是否合法、真实，鉴定人认为有必要验证的，委托单位或部门应当提供原始材料。

第二十三条　鉴定工作完成后，应当根据委托要求出具鉴定文书。仅需要反映财务会计资料客观情况的，应当出具检验报告；能够作出明确鉴定意见的，应当出具鉴定书。

第二十四条　制作鉴定文书须遵守以下规定：

（一）鉴定意见不得超出委托要求范围；

（二）鉴定意见不得依据犯罪嫌疑人供述、被害人陈述、证人证言等非财务会计资料形成；

（三）鉴定意见不应涉及对定罪量刑等法律问题的判断。

第二十五条　鉴定文书应当按照人民检察院鉴定文书规范制作。

第二十七条　司法会计技术性证据审查，是指具备司法会计鉴定资格的人员，对案件中涉及的相关鉴定文书、报告以及财务会计资料等证据材料进行审查，并提出审查意见的专门活动。

第二十九条　司法会计技术性证据审查对象包括：

（一）司法会计鉴定书、检验报告；

（二）审计报告、查账报告等；

（三）财务会计资料等证据材料。

第三十条　鉴定文书和报告主要审查以下内容：

（一）文书、报告是否完整，内容是否全面；

（二）程序、方法、步骤是否科学、合理；

（三）意见的形成依据是否充分、适当；

（四）意见是否科学、可靠。

第三十一条　财务会计资料等证据材料主要审查以下内容：

（一）证据材料是否完整，取证是否充分；

（二）证据材料之间有无矛盾；

（三）证据材料与已认定的财务会计事实是否相符；

（四）证据材料内容有无错误。

第三十四条　鉴定人出庭，应当做好充分准备，熟悉鉴定意见和案件相关情况等，针对可能遇到的问题拟定解答提纲，并准备必要的材料：

（一）委托书或者聘请书、受理检验鉴定登记表、送检材料照片或者复印件、检验记录、鉴定文书；

（二）与该鉴定意见有关的学术著作和技术资料；

（三）鉴定机构及鉴定人资格证明，能够反映鉴定人专门知识水平与能力的有关材料；

（四）其他相关材料。

第三十五条　鉴定人出庭时，应当回答审判人员、检察人员、当事人和辩护人、诉讼代理人等依照法定程序提出的有关检验鉴定的问题；对与检验鉴定无关的问题，可以拒绝回答。

（2）检察机关刑事诉讼或民事监督委托鉴定还需遵守的规定

检察机关委托鉴定业务根据案件性质不同，分为检察机关刑事诉讼案件涉及的鉴定和民事诉讼监督案件涉及的鉴定。其中：检察机关在刑事诉讼中的主要任务，是立案侦查直接受理的案件、审查逮捕、审查起诉和提起公诉、对刑事诉讼实行法律监督。刑事诉讼案件涉及的鉴定还需要遵守最高人民检察院2019年12月30日起施行的《人民检察院刑事诉讼规则》中关于鉴定的有关规定。这类鉴定业务流程及注意事项可参考公安机关委托鉴定业务流程及注意事项。

民事诉讼监督案件涉及的鉴定还需要遵守最高人民检察院2021年8月1日起施行的《人民检察院民事诉讼监督规则》（高检发释字〔2021〕1号）中关于鉴定的有关规定。这类鉴定业务流程及注意事项可参考人民法院委托鉴定业务流程及注意事项。

（三）仲裁委委托鉴定业务流程及注意事项

1. 仲裁委委托鉴定的法律依据及对会计审计/财务审计鉴定的理解

《中华人民共和国仲裁法》第四十四条规定：“仲裁庭对专门性问题认为需要鉴定的，可以交由当事人约定的鉴定部门鉴定，也可以由仲裁庭指定的鉴定部门鉴定。根据当事人的请求或者仲裁庭的要求，鉴定部门应当派鉴定人参加开庭。当事人经仲裁庭许可，可以向鉴定人提问。”

《中华人民共和国仲裁法》全文中关于“鉴定”的表述只有上述内容，无审计、鉴证等词，只有鉴定，因此实务中关于注册会计师行业从事司法会计鉴定工作究竟是“审计”还是“鉴定”的争议，从法律角度溯源，应是司法鉴定。

鉴定要解决的是不同行业的专门性技术问题，注册会计师行业具备财务成本管理、会计、审计、经济法、税法、公司战略与风险管理方面的理论基础和实践经验，从事司法鉴定能够解决财务、会计、审计、税务等经济管理及监督方面的问题。

财务与会计是一种经济活动。财务不仅是国民经济各部门、各单位在物质资料再生产过程中客观存在的资金运动及资金运动过程中所体现的经济关系，更主要的是财产和债务，即资产和负债等。而会计是以货币为主要计量单位，以凭证为主要依据，借助于专门的技术方法，对一定单位的资金运动进行全面、综合、连续、系统的核算与监督，向有关方面提供会计信息、参与经营管理、旨在提高经济效益的一种经济管理活动。审计、鉴证则是注册会计师依照国家法规、审计准则和财务会计税收理论，运用专门的方法，对被审计单位的财政、财务收支、经营管理活动及其相关资料的真实性、正确性、合规性、合法性、效益性进行审查和监督，评价经济责任，鉴证经济业务，用以维护财经法纪、改善经营管理、提高经济效益的一项独立性的经济监督活动。

可见，在鉴定面前，审计、鉴证和会计一样是技术手段和方法论，但审计、鉴证通常是接受各方委托合理保证经济信息的公允性，而鉴定是在司法程序监督之下解决当事人之间的争议和问题，二者的侧重点和目的不同，因此司法会计是鉴定，是在司法鉴定的程序前提下运用财务、会计、审计的原理和方法进行的鉴别、判定，其本质是解决仲裁案件涉及的与财务、会计甚至审计相关的专门性技术问题，最终目的是服务于鉴定，仲裁庭委托具有资质的会计师事务所对会计审计或财务审计问题进行鉴定，以帮助当事人查明仲裁案件事实。

无论是会计还是审计甚至财务审计都只是一种专业分类，如同资产评估、工程造价鉴定一样，这种理解在各地仲裁委员会制定的鉴定机构或工作管理办法或规程里可见一斑。

《济南仲裁委员会对外委托仲裁鉴定机构管理办法（修订）》（济仲委发〔2019〕2号）第三条“本办法所称委托鉴定，是指仲裁过程中，为查明案件事实，委托具有专业资质的机构，对专门性问题进行鉴定、检验、评估、审计等的活动”，第五条“本会对外委托和组织的仲裁鉴定包括：建设工程造价鉴定、财务审计鉴定、房地产价格评估鉴定、资产评估鉴定、保险损失鉴定、文检鉴定等”。

《青岛仲裁委员会仲裁案件委托鉴定工作管理办法》第二条“委托鉴定，是指为查明仲裁案件事实，依据当事人申请或者仲裁庭决定，委托具有专门技能和相关资质的鉴定机构对专门性问题进行检验、鉴别和评定的活动”，第三条“本办法所称的鉴定，包括会计审计、资产评估、房地产评估、工程造价、知识产权、文书、质量以及其他专门性技术问题鉴定”。

《淄博仲裁委员会委托鉴定工作规程》（淄裁发〔2022〕6号）第二条“本规程所称的委托鉴定是指仲裁案件审理过程中，为查明案件事实，委托具有鉴定资质的机构，对专门性问题进行检验、鉴别、评估、审计等（以下统称鉴定）活动。”

通过以上三个地方仲裁委员会有关鉴定的定义及分类，可见无论是审计还是鉴定都是一种活动，但审计更多倾向于财务报表审计这种增强使用者信心的经济鉴证活动，而会计审计鉴定或财务审计鉴定更多的是在司法程序的约束下利用注册会计师掌握的财务、会计、审计技术来解决仲裁中出现的财务会计甚至审计方面的专门性问题，是一种司法活动。

2. 仲裁委委托鉴定业务流程

《中华人民共和国仲裁法》规定，当事人协议选定仲裁委员会，仲裁不实行级别管辖和地域管辖，无论当事人在何地，凡自愿达成仲裁协议，无论选定哪个仲裁委员会仲裁，都会予以受理。截至目前，中国仲裁协会尚未制定统一的仲裁规则，因此鉴定机构承接仲裁鉴定业务后要根据不同仲裁委员会制定的仲裁规则和鉴定机构管理办法或鉴定工作管理办法、规程等具体承做业务。

各仲裁委员会制定的仲裁规则和鉴定管理规定虽不完全相同，但基本的约束是趋于一致的。注册会计师接到业务后多参看几家仲裁委的仲裁规则和鉴定规定，是为更多了解法理和鉴定程序，以规避仲裁鉴定中的法律风险而非技术风险。

仲裁委员会受理的案件为平等主体的公民、法人和其他组织之间发生的合同纠纷和其他财产权益纠纷。当事人采用仲裁方式解决纠纷，应当双方自愿，达成仲裁协议。没有仲裁协议，一方申请仲裁的，仲裁委员会不予受理。在仲裁案件审理过程中，如需对会计审计、财务审计等专门性技术问题进行鉴定，仲裁庭会依法委托会计师事务所进行。

仲裁庭对案件审理的过程，与人民法院审理民事案件的程序类似，仲裁委委托鉴定业务的流程与法院委托鉴定业务的流程基本相同，除了本部分所述的事项外，仲裁庭委托会计师事务所进行会计审计鉴定的程序及关注要点，均可参照适用人民法院委托的鉴定业务要求。但因各仲裁委员会之间没有隶属关系，具体的鉴定流程及要求仍需参照业务委托方的详细鉴定工作规程或管理办法。以下为编者按照实务工作经验列举的通用流程，仅供参考。

（1）鉴定机构管理

各仲裁委员会基本都分专业类别建有“鉴定机构名册”，申请进入名册的会计师事务所需按要求提交申请和材料，接受其管理和监督，各仲裁委员会一般会对鉴定机构建立业绩档案，对其进行个案考评、年度考核，实行分级或不同概率随机委托等方式的动态管理，如有的仲裁委员会设有鉴定机构情况备案登记表，以便对鉴定机构名册里的单位及人员信息进行登记备案；也有的设有线上委托系统，如“济南仲裁委员会案件信息管理系统”，通过该系统进行对外委托鉴定及对委托鉴定事项实现全过程的监督管理。

（2）会计师事务所的选任与委托

会计师事务所的选任主要有以下两种方式：

第一，仲裁庭组织双方当事人或特别授权代理人（鉴定事项授权代理人）自行协商，共同选定一家有鉴定资格的会计师事务所。

第二，当事人共同委托仲裁机构确定一家有鉴定资格的会计师事务所。

（3）签订鉴定委托书

会计师事务所选定后，会计师事务所与仲裁庭沟通，组织双方当事人商议鉴定事项、鉴定费用、鉴定时间、鉴定材料的提交以及提交期限，达成一致后，由仲裁庭出具鉴定委托书。实践中，也有当事人与会计师事务所签订鉴定业务委托书的情况，需送仲裁委员会原件1份进行备案。

《淄博仲裁委员会委托鉴定工作规程》第十九条规定“鉴定机构认为鉴定事项、范围不明确的，应就需要明确的事项、范围向仲裁庭提出书面说明”，其他没有规定具体沟通途径的，会计师事务所应及时与仲裁庭沟通明确，否则，可能会带来较大的风险，导致最后无法出具鉴定意见。

（4）鉴定材料的质证

仲裁庭应组织双方当事人对鉴定材料进行质证，未经质证的鉴定材料，鉴定机构不得作为鉴定的根据。一般情况下：双方当事人认可的鉴定材料，由仲裁庭予以记录并由当事人签字；双方当事人未予以认可的鉴定材料，由仲裁庭确定是否可以作为鉴定依据。

鉴定机构要求补充鉴定材料的，应当向仲裁庭提交补充鉴定材料清单，按前述内容进行质证。鉴定机构接收鉴定材料，应当办理签收手续。

（5）现场检查、勘验

鉴定人有权勘验现场，审查材料，询问与鉴定有关的当事人，采集有关鉴定资料。鉴定业务确需现场勘验的，会计师事务所可向仲裁庭提出申请，由仲裁庭通知双方当事人，仲裁庭应当对现场勘验意见制作勘验笔录，并由当事人签字确认，作为鉴定依据。

如当事人无正当理由不签字确认，仲裁庭应当在笔录中注明其不予签字理由（或由当事人在笔录中注明理由）。

（6）出具鉴定意见书

会计师事务所根据双方当事人合同约定、鉴定材料、现场勘验以及国家法律法规，相关会计准则制度，审计、鉴证业务准则，并参考行业惯例，按照双方（三方）签订合同的约定，出具鉴定意见书，在出具正式鉴定意见前，可出具鉴定意见书征求意见稿。

会计师事务所应当在鉴定意见书征求意见稿中明确当事人的书面回复期限。

会计师事务所根据双方当事人对鉴定意见书征求意见稿的异议出具书面回复，或者组织双方当事人现场回复。现场回复，会计师事务所应当作好工作记录，并三方签字确认。

会计师事务所根据当事人异议情况，完善鉴定意见书，形成最终的鉴定意见。

（7）参加开庭

根据当事人的请求或者仲裁庭的要求，鉴定机构应当派鉴定人参加开庭。当事人经仲裁庭许可，可以向鉴定人提问，鉴定人应当回答仲裁庭和当事人有关鉴定事项的提问。

再次提醒，以上内容仅供参考，具体执行业务应遵照各地仲裁委制定的鉴定程序要求，以免影响实际业务考评。

3. 仲裁委委托鉴定业务注意事项

仲裁委委托的鉴定业务，相对法院委托的鉴定业务，案情及业务相对简单一些，程序上也相对简化，仲裁员与办案秘书更注重沟通，必要时会组织多方再次开庭。仅提醒注意以下两点：

（1）客观出具鉴定意见

济南仲裁委员会2019年2月25日印发的《济南仲裁委员会对外委托鉴定机构管理办法（修订）》（济仲委发〔2019〕2号）第二十条对鉴定报告作出了结论和形式的要求："鉴定机构完成鉴定工作后，必须出具具有明确鉴定结论的鉴定报告（鉴定报告需一式五份），鉴定报告必须符合法定的形式要件（工程造价鉴定报告必须有两名具有国家注册造价师资格的鉴定人员签字盖章），交给承办案件的办案秘书。"但在实务中，因客观原因或鉴定材料的矛盾、欠缺，注册会计师可能难以作出唯一明确的鉴定意见。这种情况下，注册会计师应及时与委托方沟通，以确定是否出具鉴定报告，不能为了鉴定而鉴定，强行出具不恰当的意见，《青岛仲裁委员会仲裁案件委托鉴定工作管理办法》第二十三条规定："由于鉴定机构过错导致鉴定意见书无法采用、造成当事人损失的，鉴定机构应当承担赔偿责任。"因此，注册会计师应当坚持客观性原则，客观性的基本要求就是鉴定意见的真实性，不允许有任何虚假成分。

（2）加强保密工作要求

《中华人民共和国仲裁法》规定仲裁不公开进行。当事人协议公开的，可以公开，但涉及国家秘密的除外。各地仲裁委员会根据仲裁法和有关法律规定制定的仲裁规则及委托鉴定管理办法或工作规程对保密工作均有要求，如《济南仲裁委员会仲裁规则—2020版》规定"不公开审理的案件，鉴定人、仲裁庭咨询的专家，均不得向外界透露与案件实体和程序有关的信息"，《淄博仲裁委员会委托鉴定工作规程》

（淄裁发〔2022〕6号）第三十二条规定，鉴定机构未履行保密义务造成鉴定内容泄露的，仲裁委将视情形予以暂停委托。因此鉴定机构和鉴定人应按照有关仲裁规定，保守仲裁秘密，保守鉴定中涉及的国家秘密、商业秘密和个人隐私，履行保密义务。

（四）单位（包括律师事务所）或个人委托用于司法途径审计业务注意事项

1. 充分了解委托目的

单位（包括律师事务所）或个人委托的用于司法途径的审计业务，在接受委托前，注册会计师要与委托人进行全面沟通，充分了解委托人的委托目的、目前涉诉进展情况，审计报告的用途等。对委托人及案件要多方面了解，不能只听取委托人单方面的描述，还要通过网络、国家企业征信系统、法律判决文书公开网站等多种途径，必要时应当去实地考察，向财务人员或其他工作人员询问单位经营情况、涉及纠纷或争议的起因及目的等，充分掌握委托事项或案件的来龙去脉，再作出是否受理该业务的决定。

委托人若明确表示审计报告用途是用于司法途径，可在必要时提请委托人应当知道诉讼或者侦查、仲裁过程中另一方当事人可以申请法院、公安、仲裁委等部门根据查明案情需要另行委托鉴定机构进行司法会计鉴定。会计师事务所也要充分考虑到接受委托出具报告后用于诉讼或仲裁不被采信，或因当事人单方面委托资料存疑导致审计范围受限而引发对审计报告的争议甚至投诉或诉讼风险的发生。

委托人若故意隐瞒或不明确告知委托目的是用于诉讼，涉及律师事务所或者纠纷案件较多的委托单位，会计师事务所接受特殊目的的委托尤其是非财务报表审计就要格外注意，避免委托人打着审计的幌子，实际让你干的是鉴定的事情。因此，注册会计师在审计过程中一定要保持谨慎，做到独立、客观、公正，不得有个人倾向性。

2. 严格要求并审核委托人提供的审计资料

对于单位（包括律师事务所）或个人提供的审计资料，注册会计师要严格审核，对于审计资料不完整、不充分，不能满足审计需要的，会计师事务所和注册会计师可以要求委托人补充，委托人不能补充提供的，应该中止或终止审计。不合法、不真实的审计资料，不得作为出具审计报告的依据。

结合委托人提供的资料，对审计风险进行初步评估，对于缺乏审计资料，或审计资料经补充后仍不完整，要谨慎承接，规避风险。

3. 全面审查

对单位或个人委托的用于司法途径的审计业务，通常是立案前的审计，即尚未进入司法程序；律师事务所委托的诉讼中的审计业务，注册会计师接受委托前，要充分了解案情及委托目的，严格审核提供的审计资料，以防委托方仅提供对己方有利的资料。在审计过程中，要分清重点和非重点，同时全面审查，对过程中遇到的疑难问题及时与委托人会面沟通。在审计过程中，发现除委托目的之外的违法违规事项，注册会计师有义务通过会计师事务所向司法机关举报。

第二部分

实务篇

案例1　法院委托鉴定——××项目建设成本、后期拆除支出及运营收益行政赔偿案例

（一）基本情况

某会计师事务所接受法院委托，对原告投资××项目的建设成本、后期拆除支出及运营收益进行鉴定。

（二）鉴定目的

对原告投资××项目的建设成本、后期拆除支出及运营收益进行鉴定；对相应项目是否有发票、付款凭证进行标注。

（三）鉴定方法与指引

1. 了解案情

原告在××自然保护区内投资建设涉案××项目，被被告××人民政府与××自然保护区服务中心2018年1月5日起组织强制拆除。该拆除行为已被生效判决确认违法，判决被告对原告予以赔偿。2020年6月3日，被告××人民政府作出《行政赔偿决定书》，原告对该赔偿决定不服，提起本案行政赔偿诉讼。

2. 鉴定材料

委托方提供的自2015年3月至2020年12月期间涉案××项目的

建设成本、后期拆除支出及运营收益涉及的全部财务资料，包括但不限于相关的财务报表、明细账、记账凭证及其附件，相应期间的银行流水、纳税申报表，每年末的科目余额表（到最末级）、已开立银行结算账户清单；涉案××项目的建设成本、后期拆除支出及运营收益涉及的所有相关合同，包括但不限于投标文件、施工类合同、采购类合同、销售类合同、服务类及其他合同。

3. 评估项目风险

鉴定材料不够完整、鉴定运营收益的截止时点不确定，导致鉴定可能无法进行，或者引发争议及无法作出明确鉴定意见的情况发生，必须慎之又慎，做好沟通和报告意见、类型的确定及相关信息的披露是该项目的关键。

4. 鉴定方法及过程

接受鉴定委托后，鉴定人员首先对案情和原告当事人及项目的相关情况进行详细了解，再根据委托方提供的经质证的鉴定材料，按照相关鉴定依据，进行鉴定分析，作出鉴定意见。

（1）该项目建设成本的鉴定分析

鉴定人员对委托方提供的关于该项目的合同、付款凭证及开具的增值税发票，进行了一一核对，对合同的履行、付款凭证后附的银行回单是否与合同签订方一致、后附开具发票的开票内容及开票单位是否与合同的签订方及约定的内容一致进行了鉴定分析，并按照单个项目的形式在“原告当事人××项目建设成本投资支出明细表”中详细列示。

（2）该项目的后期拆除支出的鉴定分析

该项目的后期拆除支出均为当时原告的母公司××公司代付，通过原告当事人提供的关于母公司代垫项目拆除费用相关的合同、记账凭证及发票资料，并按照单个合同对应该合同所关联的记账凭证及发票，根据合同中约定的事项内容进行了鉴定分析。

（3）该项目的运营收益的鉴定分析

根据××人民政府和××自然保护区管理局出具的×政强执决字（20××）第××号行政强制执行决定书，2018年1月5日起对该项目进行强制拆除，由于无法确认拆除结束时间，本次鉴定以2018年1月5日确认为该项目的运营收益的截止时点。

根据委托方提供的该项目产生的财务费用、管理费用，根据款项内容、付款凭证及后附的发票资料，对2017年7月1日至2018年1月5日运营期间的运营收益进行了鉴定分析。

（四）鉴定意见

通过对原告××项目的鉴定分析，得出如下鉴定意见：

（1）该项目建设产生的建设成本支出为××元，详见附表1（略），其中项目用组件及其他设备的采购支出为××元（发票金额××元）；

（2）该项目产生的后期拆除支出为××元；

（3）该项目产生的运营收益为××元。

（五）特别事项说明

这部分对鉴定材料中的瑕疵事项作了披露，提请报告使用者关注相关事项对鉴定意见的影响。包括以下几项：

（1）由于原告未能提供本次鉴定相关的工程竣工结算资料，对该项目建设成本的鉴定分析是根据原告当事人提供的该项目合同、付款凭证及开具的增值税发票等相关资料进行的。

（2）关于项目运营收益的截止时点，根据××人民政府和××自然保护区管理局出具的×政强执决字（20××）第××号行政强制执行决定书，2018年1月5日起对该项目进行强制拆除，由于无法确认拆除结束时间，本次鉴定以2018年1月5日确认为该项目的运营收益的截止时点。同时对这一时点之后发生的各项支出金额作了披露。

（3）原告2019年××月3#凭证及后附的购销合同和三方债权债务抵销协议，原告当事人将××组件（型号：CS6K-270P）及电缆销售给无锡××有限公司，销售金额共计××元，销售单价为1.8元/瓦；同时根据原告当事人与江苏××有限公司2017年××月签订的“组件买卖合同”约定的××组件（型号：组件标称功率：270W）的购买单价为3.31元/瓦，由于相关信息不够明确，单价差异较大，鉴定人员无法作出判定，因此仅如实列示相关信息，其售价是否公允提请报告使用者关注。

（4）鉴定人员对原告当事人提供的相关鉴定佐证材料不足以支持确认支出的，在此作了披露说明。

①支付给××市××物流有限公司组件运输费共计××万元，由于原告当事人未能提供相关合同，同时凭证后附其母公司与××市××物流有限公司的2018年包车单据3张，该项费用支出未予以确认。

②该项目的后期拆除支出中，母公司代付的相关支出合计××万元，由于这部分支出的合同相关内容并未确指用于原告当事人拆除项目，这部分支出未予以确认。

③鉴定中还有部分相关支出鉴定材料不完整，支出金额合计××万元，鉴定人员均没有予以确认。其中3项支出原告当事人提供的相关合同和银行回单，未见相关发票或收据及银行交易记录；还有1项支出，仅提供了发票和银行回单，未见相关合同及银行交易记录。

（六）总结与思考

该项鉴定业务由于原告当事人提供的相关财务资料不够完备，因此采用了直接鉴定法；同时由于鉴定材料的诸多瑕疵，被告及辩护人提出了相关质证意见，其中一项就是鉴定事项的截止时点确认问题，这些争议均会引发相关鉴定风险，鉴定人员如何有效规避相关风险是鉴定工作的重点难点，总结如下：

1. 关于鉴定材料

该项鉴定业务除了第一次原告当事人提交的鉴定材料外，在鉴定过程中应鉴定人员要求，又提交了一次补充鉴定资料，被告及其辩护人提交了对鉴定材料的质证意见，意见中提出了诸多质疑，其中最重要的一项就是原告当事人未能提供该项目相关的工程竣工结算资料，因此鉴定人员对此作出了披露；同时鉴定人员对质证意见中提到的相关事项逐一进行了详细严谨的核实确认，对有瑕疵的鉴定材料是否据以确认作了详细的披露说明，以避免因鉴定材料引发鉴定风险。

2. 关于项目运营收益的截止时点

该时间节点在鉴定要求中未提及，同时该项目被强拆结束运营时间无法确认，需要鉴定人员根据现有资料进行判断，为避免争议，鉴定人员以被告方作出的行政强制执行决定书中，对该项目进行强制拆除的开始时点作为项目运营收益的截止时点并进行了披露说明，同时对这一时点之后发生的各项支出金额也作了披露，以避免由此引发鉴定风险。

〔注：在出具正式的司法鉴定意见书后，法院又重新取得了相关新的证据，重新确定了原告运营截止时点，并出具了补充鉴定公函，委托事务所以新的运营截止时点对运营收益进行了补充鉴定。〕

3. 关于鉴定意见沟通

为有效避免鉴定风险，鉴定人员作出鉴定意见书初稿后，出具了司法鉴定意见书征求意见稿，原告及被告双方当事人均提出了质证意见，鉴定人员对质证意见进行了回复，并对征求意见稿进行了修改后出具了正式的司法鉴定意见书。由此可见，与委托方沟通初步鉴定意见，可有效避免相关鉴定风险。

案例2　法院委托鉴定——A公司与B公司购销款项及欠款金额案例

（一）基本情况

×会计师事务所接受省高级人民法院委托，对A公司与B公司购销款项及欠款金额进行鉴定。

（二）鉴定目的

对B公司与A公司2001年1月1日至2017年10月25日期间存在购销关系的欠款数额进行鉴定。

（三）鉴定方法与指引

1.了解案情

A设备销售公司与B设备采购公司2001年1月1日至2017年10月25日发生设备购销业务，后因经济纠纷，A设备销售公司主张B设备采购公司应偿还欠款金额，B设备采购公司对该欠款金额不予认可，某市中级人民法院作出民事判决后，B设备采购公司向某省高级人民法院提起上诉。在人民法院对诉讼双方当事人提供的证据难以进行认定的情况下，B设备采购公司提请人民法院对双方债权债务结算情况进行鉴定。

2. 鉴定材料

（1）A公司2001年1月至2017年10月往来账、部分银行账及涉及差异的会计凭证、合同及发票等；

（2）B公司2001年1月至2017年10月会计凭证、账簿、合同、发票及银行对账单等；

（3）一审法院庭审资料；

（4）其他有关鉴定资料。

3. 评估项目风险

本项目的主要风险在于双方提供的资料是否经过质证，销售、采购金额以及涉案双方资金结算金额核对是否存在差异，存在差异、争议、自相矛盾或缺乏实质性证据的事项如何认定和披露，如何加强与合议庭及双方当事人的沟通以规避鉴定风险。

4. 鉴定方法及过程

采用检查、核对、分析、比较、计算、逻辑推理、判断、审阅等方法对相关会计凭证、会计账簿、会计报表及其他有关鉴定资料等进行审查、核对、分析、计算、鉴别和判断，经质量复核后最终确定鉴定意见。

×会计师事务所接受委托后成立专门鉴定工作小组，在了解案情、认真阅读鉴定资料的基础上，根据鉴定要求，拟定鉴定方案并按方案要求实施鉴定程序，主要鉴定过程如下：

（1）对销售、采购金额的鉴定

①了解A公司销售、B公司采购业务流程

A公司销售业务流程：出库时，库存做仓库变更；销售样机时，样机出库转为销售确认收入，以合同、发票以及出库单来认定销售。

B公司采购业务流程：采购时，向A公司发起订单，收到A公司开具的发票后入账，计入应付账款的贷方，以合同、发票、凭证及原始附件来认定采购。

鉴定人员对A公司销售业务流程、B公司采购业务流程进行了解，并了解同行业的交易确认规则，以便于准确界定A公司销售金额、B公司采购金额。

②A公司销售、B公司采购金额的鉴定

根据双方提供的整机收付款明细台账、发票、财务账簿、合同等资料，对A公司销售明细及财务账面数据与B公司采购明细与财务账面数据进行比较，核对是否有差异；再以合同、发票、机型机号为根据，对A公司销售标的、金额与B公司采购标的、金额进行比较，核对是否有差异。

鉴定人员通过对A公司销售明细、B公司采购明细进行核对后，发现二者有差异，针对差异部分检查相关证据，与双方交流尽量达成一致意见，未达成一致意见的，根据相关证据进行认定，缺乏实质性证据无法认定的不发表鉴定意见或暂不予认定。

（2）对涉案双方资金结算的鉴定

①了解结算方式

双方自建立购销关系以来，货款结算方式主要涉及4种，分别为银行存款支付、银行承兑支付、点检维修费冲抵货款、销售折让冲抵货款。

鉴定人员了解A公司、B公司的货款结算方式，并了解同行业的通常结算规则，以便于准确界定双方结算金额。

②检查A公司销售与B公司采购结算数据

第一，统计双方结算明细表。

检查A公司与B公司相关的应收账款、其他应收款及应收票据等明细账、凭证及结算记录，根据A公司的资料统计出A公司与B公司的结算明细表。

检查B公司与A公司相关的应付账款、其他应付款及应付票据等明细账、凭证及结算记录，根据B公司的资料统计出B公司与A公司的结算明细表。

第二，结算金额认定。将上述统计的结算明细表进行比较分析。在对销售、采购金额的核对和对涉案双方资金结算核对的过程中：对于双方核对一致的部分，出具予以认定的鉴定意见；核对有差异的部分，由鉴定工作小组根据鉴定资料、双方质证结果进行讨论分析认定，对事实清楚、证据充分的部分出具予以认定的鉴定意见；对事实不清、证据不充分的部分出具不予认定的鉴定意见。

重点关注核对有差异的部分，针对实际形成的原因进行个别分析、个别认定，举例如下：

事项一：涉及合同变更事项造成双方合同金额不一致的认定

签订购销合同后，A公司因合同变更确认的销售金额8 986.76万元，B公司因合同变更确认的采购金额8 317.10万元，双方确认的金额差异669.66万元。A公司提供了能够直接证明购销业务发生的购销合同及合同变更资料、补充协议等，该资料已由B公司加盖公司公章，B公司未提供相关合同变更资料，也未对A公司提供的合同变更资料主张虚假伪造。

基于上述资料证据和分析，对合同变更金额予以认定。

事项二：业务记录中“B公司无、A公司有”的认定

“B公司无、A公司有”的销售设备业务共17笔，金额合计1 198.00万元。

A公司对上述16笔业务提供了设备《买卖合同》《租赁物交付证书》、设备签收资料、维修记录、发票等资料，金额共计1 130.50万元；对剩余的1笔业务仅提供了发票（金额67.50万元），未提供其他相关资料。

B公司对上述17笔业务未提供采购合同、账面记录。也未主张A

公司提供的资料为虚假伪造。

因此对上述能够证实业务发生的16笔金额1 130.50万元予以认定；对未能提供其他实质性证据证明业务发生的1笔金额67.50万元，出具不予认定的鉴定意见。

（3）特殊事项的认定

在核对涉案双方业务流程以及结算金额过程中，对案件事实有影响的特殊事项，应当逐项分析，分别出具鉴定意见。对双方有争议的事项应当在报告中单独披露。部分特殊事项的认定如下：

①对于贴息的核对与认定

通过核查A公司反馈的有关银行承兑贴息的资料，对于双方已认可并进行账务处理的贴息部分，出具予以认定的鉴定意见。承兑票据贴息1 886.68万元，鉴定资料中未发现双方约定支付贴现利息的书面证据。根据我国目前现行结算规则，贴息的承担作为经济负担的分配，双方可通过合同进行约定。合同没有约定的，应当由持票人承担。根据我国现行财务会计准则规定，企业持有的银行承兑汇票可以申请贴现。对持票人来说，未到期的汇票贴现所收到的金额就是银行存款，贴息部分计入财务费用。可见会计准则对于汇票贴息是作为持票人的财务费用，是持票人应当承担的资金成本，因此银行承兑汇票的贴现息也由持票人承担，对A公司应收款项中贴息1 886.68万元出具不予认定的鉴定意见。

②对A公司提供自相矛盾资料的认定

通过核对、分析A公司提供的相关资料，发现关于A公司应收账款余额中融资租赁业务相关资料存在自相矛盾的情况。

前期收到的鉴定资料显示，其中18笔融资租赁销售模式业务B公司欠A公司设备款共计1 143.53万元，经核对为2014年发生，双方业务、财务账面，均已入账并核对一致。在双方质证时A公司重新提供一份证据《融资租赁销售涉及金额1 143.53万元已入账并冲账的证据》，证明融资方式销售业务涉及金额1 143.53万元已收到款项，但是在提供的应收账款明细表中列示了上述融资租赁业务的欠款，出现证据自相矛盾。

对于上述情况，出具不予认定的鉴定意见。

③对缺乏实质性证据资料的认定

A公司提供的资料显示，截至2017年10月25日应收账款期末余额中包含一台二手车，金额9.00万元，二手车机型机号为：DL503/11457。在鉴定资料中仅发现三个关于二手车事项的合同，未查找到与此车型车号匹配的记录，A公司也未能补充提供相关证据。

对于上述缺乏实质性证据的应收账款余额，出具不予认定的鉴定意见。

④对应收账款期末余额的罚息认定

A公司单方面提出对应收账款期末余额计算罚息944.32万元，材料未经双方质证，A公司未提供计算罚息的相关证据，此金额为A公司对应收账款期末余额涉及延期支付罚息的测算值，未进行账务处理，目前对A公司应收账款期末余额还存在较大的争议，出具不予认定的鉴定意见。

（四）鉴定意见

经鉴定，截至2017年10月25日，A公司应收B公司金额为1 561.89万元。

（五）总结与思考

1. 总结

注册会计师接受人民法院委托从事司法鉴定业务后，诉讼双方为了维护自身利益，会有倾向性地提供有关的会计资料及其他鉴定材料，注册会计师在使用上述材料作为鉴定证据时要保持应有的职业谨慎。对双方无争议的会计资料及相关材料，及时作出鉴定意见；对诉讼各方存在争议的会计资料及其他相关材料，注册会计师应单独处理，明确双方争议的资料范围，并对这部分资料对鉴定意见的影响单独披露。

注册会计师在鉴定过程中要保持与合议庭和诉讼各方的沟通，沟通的内容以及沟通所形成的会议纪要等应形成鉴定底稿，并由各方签字后存档。

鉴定过程中诉讼各方提交的会计资料以及相关的证据材料，要由提供方签字盖章，用以确定资料来源，所有的会计资料及相关鉴定资料都要交由其他诉讼参与方进行质证，合理保证鉴定意见的可靠性，降低司法鉴定的风险。

2. 几点思考

（1）鉴定材料风险

注册会计师在鉴定过程中，根据诉讼双方提供的相关会计凭证、会计账簿、会计报表及其他有关鉴定资料作出的鉴定意见，直接影响到双方的经济利益，对材料所反映事实的认定，是本项目鉴定过程中需要关注的最大风险。

考虑到人类趋利避害心理的影响，往往只提供对自己有利的证据，主动回避或隐匿对自己不利的证据，在鉴定过程中要对鉴定材料保持合理的职业怀疑，鉴定人员在实际工作过程中要重点加强这方面的风险管理，对上述相关资料与合议庭以及诉讼双方多次进行沟通，确保各方对鉴定资料能够充分发表各自的意见，项目组通过分析相关资料以及其他相关的鉴定资料来佐证所涉及的经济事项的事实，从而有效规避风险。

同时，作为依据的鉴定资料应通过人民法院获取并经过诉讼当事人的质证，否则不应作为鉴定依据。如果发现收到的鉴定资料不完整、不充分，不能满足鉴定需要，应当向人民法院提出申请要求补充提供，而不应自行通过观察、询问、函证等程序取得。

（2）其他注意事项

司法鉴定意见书提交给法院作为判决的证据使用，解决特定案件的专门问题，还原案件事实。因此在鉴定过程中要注意以下事项：

①鉴定范围

鉴定应针对委托合同中约定的鉴定事项进行，解决司法机关要求鉴定的特定疑难问题，不能超越鉴定范围对被鉴定单位的其他财务问题进行鉴定，对发现的被鉴定单位的内部控制缺陷应考虑对鉴定事项的影响。

②客观公正

鉴定过程必须忠实于客观事实真相，实事求是地反映客观事物的本来面目，不掺杂任何假设、臆断或猜测的因素。采用专业技术手段和方法进行鉴定，鉴定意见只能从会计、审计等专业知识方面作出科学的判断，并非确定法律的适用。

③鉴定意见

鉴定意见要明确，对单一事项的鉴定原则上只能是予以认定、不予认定，不宜使用其他意见类型。对于有可能是事实但缺乏实质性证据无法认定的事项，要和法院合议庭、诉讼当事人做好沟通和解释，出具无法认定或暂不予认定的鉴定意见，防备以后有新的证据可以证明此事项，后续再出具补充鉴定意见时就不会冲突，避免出现自我否定、自相矛盾的情况。

案例3　法院委托鉴定——×册会计凭证是否存在篡改案例

（一）基本情况

某会计师事务所接受法院委托，对B公司提交的证据××年3月第5册会计凭证进行鉴定。

（二）鉴定目的

对B公司提交的证据××年3月第5册会计凭证进行鉴定，以查证该册凭证是否存在篡改现象。

（三）鉴定方法与指引

1. 了解案情

2018年申请人A公司与被申请人B公司双方因交易货款发生纠纷诉至法院。被申请人向法院提供了××年度会计凭证共3册，其中包含××年3月第5册会计凭证。申请人提出，该册会计凭证中第324号记账凭证记载的“其他业务收入——煤气××万元”在随后的月末损益结转凭证中无相应结转体现，未结转至本年利润科目，认为此笔业务为人为增补，会计凭证存在篡改、伪造现象，遂向法院提出鉴定申请，请求查证该册凭证是否存在篡改现象。

2. 鉴定材料

被申请人B公司向法院提供的B公司××年度会计凭证共3册，其中包含××年3月第5册会计凭证。

3. 评估项目风险

鉴定人员首先了解案情，与法院沟通鉴定事项：认为查证该册凭证是否存在篡改现象，表述的含义不明确，特别是“篡改”的含义，并不是一个具有明确内涵的财务会计概念。

根据法院组织与当事人沟通，申请人认为被申请人提供账册中第324号记账凭证记载的“其他业务收入——煤气××万元”在随后的月末损益结转凭证中无相应结转体现，未结转至本年利润科目，认为此笔业务为人为增补，鉴定事项中的是否“篡改”就是确定此记账凭证与其他凭证是否逻辑上一致，是否符合正常的会计处理。

会计师事务所评估相应风险后，决定承接该业务，并采取以下措施：对“篡改”的含义，鉴定人在报告中作出限制性说明。

4. 鉴定方法及过程

鉴定人员按照企业会计准则和相关会计制度规定，逐笔检查了送审会计凭证册中的每项会计业务，审查原始凭证，复算原始凭证数据，并与记账凭证数据核对，对委托鉴定涉及的会计事项进行了认真审查。

鉴定情况如下：

（1）提供的被申请人××年3月第5册会计凭证是该月最后一本会计凭证，记账凭证编号自273号至336号，凭证日期自3月31日至3月31日。273号至324号记账凭证均是记载经济业务正常发生的记账凭证，涉诉的324号记账凭证为其中的最后一笔；325号至336号均为依照会计记账规则进行月末损益结转的记账凭证。324号记账凭证业务内容为记录的应收A公司的煤气收入款项其他业务收入——煤气××万元，扣除应收增值税后，计入其他业务收入——煤气的收入金额为××万元。根据会计核算原理、会计工作基础规范和相关会计准则制度规定，为计算本会计期间的经营盈亏，需要在期末进行损益结转，就是将收入、成本和费用等损益类会计科目的发生额全部结转到本年利润科目中，本年利润科目的期末余额即为本会计期间的经营盈亏。

经逐笔检查325号至336号全部的月末结转凭证，未发现有324号凭证记载的其他业务收入——煤气××万元转入本年利润的结转记录，也就是说被申请人××年3月账面结转计算的经营损益并不包含324号凭证记载的业务内容，其他业务收入——煤气××万元未纳入该公司××年3月的损益核算范围。

（2）在被申请人××年3月第5册会计凭证中，只有涉诉的324号记账凭证记载的核算单位为B公司，其余记账凭证记载的核算单位均为C公司（注：B公司系由C公司名称变更而来，从工商登记变更时间上判断，××年3月时，B公司这个名称尚不存在。诉讼发生时，C公司已更名为B公司，所以说B公司提供的××年3月第5册会计凭证中，其余记账凭证记载的核算单位均为C公司）。记账凭证记录的核算单位信息反映进行会计核算的会计主体。同一册会计凭证存在核算不同单位名称会计主体业务的现象。

（四）鉴定意见

被申请人B公司提供的××年3月第5册会计凭证中第324号凭证核算的其他业务收入未在该册3月损益结转凭证中反映，且该笔记账凭证记载的核算单位也与整册凭证中其余记账凭证不一致，不排除存在凭证被篡改的可能。

（五）总结与思考

本案例中，B公司的324号记账凭证记载的业务，在其后的本月损益结转的会计记录中并不包含，而且该册凭证是采用会计软件记录的，其月末损益结转应当能够自动生成，不存在因疏忽而遗漏的问题，所以，该凭证与正常的会计处理结果不相符，与其他凭证的不一致性，足以说明存在人为“篡改”的情形。且只有涉诉的324号记账凭证记载的核算单位为B公司，其他凭证均记载的是C公司业务，也不符合会计主体核算的要求。

对于委托事项中“篡改”一词，为避免产生歧义，鉴定人员在鉴定意见书中鉴定意见后增加了“需要说明事项：会计凭证‘篡改’不属于严格意义上的会计概念，我们对原会计凭证的增补、删减、替换、变造或会计凭证记载信息的更改等视为对会计凭证的‘篡改’”。

案例4　公安机关委托——涉嫌串通投标资金往来案例

（一）基本情况

某会计师事务所接受公安局委托，对A自然人控制下的B、C、D、E、F公司及其他相关联公司，在某医院采购项目公开招标过程中涉嫌串通投标，需要确定几个公司与投标相关的资金往来。

（二）鉴定目的

对A自然人控制下的B、C、D、E、F公司及其他相关联公司涉嫌串通标的资金往来进行鉴定。

（三）鉴定方法与指引

1. 了解案情

A自然人控制下的B、C、D、E、F公司及其他相关联公司，在某医院建设工程公开招标过程中涉嫌串通投标，公安机关需查明B、C、D、E、F公司及其他相关联公司在山东××招标有限公司（G公司）代理的某医学院采购项目1、项目2、项目3包串通标的资金往来情况。

2. 鉴定材料

公安机关提供的涉案公司的银行账户流水及公司的部分财务资料。

3. 评估项目风险

根据《鉴定委托书》，需对B、C、D、E、F公司及其他相关联公司的串通投标的资金情况进行鉴定。区分银行流水中的哪些资金与投标相关，具有一定的难度，如银行资金手续中没有注明，可能会存在遗漏的情况。

通过沟通确定：以B、C、D、E、F公司之间汇款用途为1包、2包、3包投标书费和各公司向招标代理G公司汇款的投标保证金为限。

同时鉴定意见中发表意见的对象是各公司之间的资金往来情况，如表述为“涉嫌串通标的资金往来”，则包含对行为法律性质的判断，超出了会计师事务所的执业范围，因此，鉴定意见只表述各公司之间的资金往来情况，不对资金的性质作出界定。

4. 鉴定方法及过程

（1）首先，根据投标资料（采购项目包）确定1包、2包、3包各包参与投标的公司。

其中：参与1包投标的公司：B、C、E

参与2包投标的公司：B、C、F

参与3包投标的公司：D、E、F

（2）以招标公司G公司的收款账户为起点，查找B、C、D、E、F公司资金来源账户。

（3）查找B、C、D、E、F公司银行支付系统专用凭证和记账凭证中用途为投标书费和投标保证金的资金来源。

（4）根据核对结果，明确各公司与招标公司之间的资金流链条，形成鉴定意见。

（四）鉴定意见

以表格形式列明各包参与单位及资金往来：

项目表明细表（例示）

项目名称	标号	开标日期	包号	中标单位	投标单位	预算价	中标价	标书费	汇款时间	保证金	汇款时间
某医学院教学设备采购	22××	2018.1	1	B公司							
			2	E公司							

1包资金往来（例示）

标号	单位名称	银行	交易账号	交易时间	交易金额	进/出	对手账户	对手户名	对手开户银行	汇款单附言	会计凭证号
1包											

（五）总结与思考

串通投标是一种违法行为，行为人一般都做得非常隐蔽，大多都是通过自己控制的公司或者关联公司实施。为了掩盖串通投标的事实，行为人往往在串通投标的公司之间通过频繁的资金往来实现这一目的。资金作为种类物，一旦进入某个账户，就很难与其他资金相区分，这就给鉴定涉案资金带来了一定难度。在这种情形下，一定要与委托方进行充分沟通，明确判断标准，以降低鉴定业务的执业风险。

鉴定业务始终要把握一个原则：鉴定行为所要解决的是会计专业问题，作出的鉴定意见，是司法机关认定案件事实的证据之一。对鉴定事项的法律性质及当事人的法律责任认定是司法机关权利，鉴定机构不应也无权越俎代庖。

案例5　公安机关委托——庞某某等人疫苗销售案例

（一）基本情况

某事务所接受A市公安局委托，对庞某某等人疫苗销售情况进行鉴定。

（二）鉴定目的

对庞某某、孙某两人2013年以来的疫苗销售情况进行鉴定；对庞某某、孙某向吕某某、张某某、陈某某等人的销售情况以及对庞某某4本进账（进货）记录本中的退货情况进行补充鉴定。

（三）鉴定方法与指引

1. 了解案情

2015年4月25日，A市公安局食药环侦支队二大队民警在日常工作中发现有人在天桥区毛巾总厂院内租赁仓库，通过快递物流公司从事非法经营药品行为。2015年4月28日A市公安局立案侦查，犯罪嫌疑人庞某某、孙某在没有办理任何经营资质的情况下，从国内21个省份购进疫苗类产品（含25种儿童、成人用二类疫苗），存放于A市天桥区凤凰山路62号毛巾总厂院的仓库中，未经严格冷链存储运输销往24个省市。

2. 鉴定材料

首次鉴定材料：庞某某疫苗经营记录本22本、庞某某使用的11个收款账户电子版银行对账单。

补充鉴定材料：庞某某、孙某手机微信、短信统计记录；相关询问笔录；庞某某4本进账（进货）记录本。

3. 评估项目风险

该鉴定项目中鉴定材料存在诸多瑕疵：庞某某疫苗经营的记录本中部分疫苗销售记录只登记了数量，没有登记单价及销售总金额；有的销售记录疫苗购买人姓名不清晰，无法确定具体购买人；销售药品的数量单位不同，无法对销售药品的数量进行汇总；有的购买人同时也是供货人，购进、销售业务无法分清；登记的销售日期大都未注明年份，只有个别回款中登记了年份。银行对账单中，部分无对方户名，销售记录无法与银行对账单一一对应。如何从这些瑕疵鉴定材料中精准提取出疫苗销售和退回的情况是本次鉴定的重点和难点。

4. 鉴定方法及过程

首次鉴定：根据鉴定要求，接受委托后，首先对案件的来龙去脉进行全面了解，针对此次涉案对象的特殊性，组织鉴定人员对庞某某疫苗经营的记录本进行了统计、分析，并对记录本中记录的销售疫苗情况与庞某某、孙某的银行对账单进行了对比、汇总。

（1）庞某某销售疫苗记录本与银行对账单核对情况

通过统计，庞某某2013年以来销售疫苗的记录本中登记销售的药品情况与记录本中登记的收款情况基本相符，将记录本中登记的收款金额与银行对账单中登记的金额汇总、统计，核对相符的情况共涉及姓名125个，涉及金额4 200.24万元。

（2）庞某某销售记录本与银行对账单中核对相符的明细中2014年9月以后的收款情况

在统计庞某某销售药品记录本中发现，大部分销售药品均无年份，根据庞某某销售药品记录本与银行对账单核对相符明细中银行对账单的日期进行统计、汇总，2014年9月以后共涉及姓名116个，涉及金额2 759.57万元。

补充鉴定：随着案情的进展，公安机关重新补充了相关鉴定材料，事务所根据公安机关补充鉴定的要求出具了3个补充鉴定报告，对庞某某、孙某两人的疫苗销售情况、销向指定人员的销售情况及退货情况等进行了补充鉴定，同时对首次鉴定意见进行了修正。

（四）鉴定意见

首次鉴定意见：庞某某2013年以来销售疫苗的记录本中登记销售的药品收款金额与银行对账单金额核对相符的明细中共涉及姓名125个，涉及金额4 200.24万元；庞某某2013年以来销售疫苗的记录本中登记销售的药品收款金额与银行对账单金额核对相符的明细中2014年9月以后的共涉及姓名116个，涉及金额2 759.57万元。

最终补充鉴定意见：

1.退货记录中已经退货的情况共涉及6个姓名，金额共计31.57万元，全部为2014年9月以后。其中：杨某某18.43万元，季某某1.31万元，徐某某0.72万元、杨某某8.20万元，黄某某1.11万元，张某某1.80万元。

2.张某某通过1343账户和8347账户、陈某某通过3573账户向庞某某转款本次增加24.29万元，其中：张某某为18.99万元，陈某某5.30万元。2014年9月以后增加10.32万元，其中：张某某5.01万元，陈某某5.31万元。本次减少0.40万元，系应减少2014年9月刘某某

0.40万元。

3.庞某某、孙某销售疫苗金额为7 497.10万元，涉及姓名228个。其中2014年9月以后庞某某、孙某销售疫苗金额为4 266.63万元，涉及姓名197个。

（五）特别事项说明

由于鉴定材料存在瑕疵，在统计中只根据日期、金额核对相符的情况汇总，鉴定人员在统计时根据记录本数量、单价、总金额标注明确的记录进行了统计汇总，并根据记录本中注明的汇款日期、金额与银行对账单中的日期、金额进行了核对、统计、汇总；2014年9月以后涉及的销售药品收款情况根据记录本与银行对账单中核对相符的明细中银行对账单的日期进行统计；同时，因提供的资料中存在人名、销售时间、收款记录不完整以及银行对账单无对方户名等情况，本次对现有资料中庞某某2013年以来销售疫苗的情况发表鉴定意见，若有新的资料提供，相关数据会有所变化。

（六）总结与思考

该项鉴定业务由于公安机关提供的鉴定材料存在诸多瑕疵，给鉴定工作带来很大的困难和风险，鉴定过程中通过对涉案的进销存、银行流水等资料进行梳理、实施详查，将发现的上线、下线的姓名、银行账号等资料及购进、销售疫苗过程中可能存在的收款、付款方式等及时反馈给A市公安局，为公安机关办案提供了重要线索；同时注册会计师将鉴定材料的瑕疵及其对鉴定意见的影响在鉴定报告中作出披露，有效地规避了鉴定风险，并配合参加了A市公安局及A市中级人民法院庭前会议，嫌疑人对报告鉴定结果未提出异议。

2017年3月12日，在第十二届全国人民代表大会第五次会议第三次全体会议，最高人民法院院长周强作最高人民法院工作报告，“庞某某等非法经营疫苗案”被写入工作报告，成为典型案例，为该项鉴定业务画上圆满的句号。

案例6　公安机关委托——C公司经营活动及账务核算情况鉴定案例

（一）基本情况

×会计师事务所接受公安机关委托，对C公司自成立之日起的经营活动及账务核算情况进行鉴定。

（二）鉴定目的

对C公司自成立之日起的经营活动及账务核算情况、财务报表的真实性及完整性进行鉴定，为公安机关侦办事项提供必要的侦办线索。

（三）鉴定方法与指引

1. 了解案情

A、B两股东成立了C公司，主要从事房地产开发业务。股东B负责公司的日常经营，股东A不参与企业管理。在房地产开发项目结束后，股东A认为财务报表数据不真实，不能真实反映公司的利润，股东B在企业经营过程中，通过非法手段对外转移利润。公安机关委托×事务所对C公司自成立之日起的经营活动及账务核算情况进行鉴定，为公安机关侦办方向提供线索。

2. 鉴定材料

C公司提供的会计凭证、明细账、总账、会计报表、销售台账、资产明细表、银行对账单等会计资料；签订的购销合同、协议等资料；房屋销售台账，销售清单等资料；工程施工合同，结算报告等资料。

3. 评估项目风险

通过对案情的整体了解分析，该案件错综复杂，需要核实的事项较多，项目风险主要包括：企业存续时间长，鉴定需要的档案资料灭失的风险较大；相关人员更换频率较大，许多事项的核实需要公司人员提供配合难以实现；目标公司的经营长期由一方股东管理，另一方股东没有参与，因此提供鉴定资料的真实性、完整性存在较大风险。

4. 鉴定方法及过程

通过对案件的梳理，鉴定人员对当事人的诉求有了全面了解，对鉴定方向及鉴定重点有了正确的把控，确定了在鉴定实施过程中应重点关注收入的完整性、成本费用的真实性以及利润的真实性等。

收入的鉴定主要关注是否存在未入账的销售，可以通过房屋销售台账、销售合同、销售税金、银行流水等资料进行印证。

成本费用的鉴定主要关注入账的真实性，通过审核已签订的购销合同、第三方出具的审核报告、实物盘点报告、付款凭证等资料进行印证。

根据获取的相关资料，具体执行了如下鉴定程序：

（1）取得完整的会计资料，如：会计凭证、明细账、总账、会计报表、销售台账、资产明细表、银行对账单等，通过相应的审计程序验证其账面的真实性及完整性。

（2）获取C公司的合同、协议等资料，验证项目的真实性。获取C公司合同台账，通过关注合同是否连续编号验证其完整性，对已签订的合同重点审核其真实性，落实是否有招投标、询价等程序，合同是否实施完毕，项目完成后是否有验收记录、结算报告等资料，检查入账金额是否正确等。

（3）获取房屋销售台账，审核销售入账的完整性。获取房屋销售台账并进行理顺，核查已销售房屋是否都入账核算，未销售房屋是否都保留其所有权。落实未售房屋有无对外出租，或已售房屋未入账的情况。

（4）获取工程项目结算报告，审核入账的合理性。获取工程项目结算报告，审核所有工程项目是否都经过第三方的审计，与财务资料进行核对，是否按照结算金额入账。

（5）与相关人员进行交流，了解项目相关情况。在公安人员陪同下，与C公司不同部门的相关人员进行交流，了解项目的承接、施工、管理、结算等情况，进一步印证账务核算的真实性及完整性。

（四）鉴定意见

通过鉴定，鉴定人员共梳理出需要公安机关进一步核实的事项共计25项，涉及金额3.78亿元。本案例挑选其中的3个事项列示如下：

（1）账面记录收款人与实际收款人不符

2014年4月30日凭证记录，支付张三款项1 110万元，“借：短期借款——张某1 110万元；贷：银行存款1 110万元”，后附银行付款单2张：收款人某物业服务有限公司，金额700万元；收款人李某，金额410万元。

由于账面冲减借款人与实际收款人不符，建议核实该笔资金的最终去向。

（2）已发生成本的真实性需要进一步核实

2012年12月第116号凭证，支付售楼处装修款：

借：长期待摊费用——营销推广费　　　　441.41万元

　　贷：银行存款——建行　　　　　　　　24.98万元

库存现金　　63.83万元

其他应收款——李某　　188.60万元

其他应收款——王某　　164.00万元

后附发票开票人为某建设有限公司，发票金额441.41万元。但凭证后附审批单金额为24.98万元。

根据张某陈述，该业务的款项是由其个人账户支付，并没有到公司进行报销，因此需进一步核实该成本发生的真实性以及冲抵往来资金的合理性。

（3）成本的真实性需要落实

2013年2月23日，C公司与某施工单位签订景观绿化合同，合同金额360万元，另外约定加10万元赶工费，但实际支付施工单位景观绿化工程款380万元，“借：预付账款380万元，贷：银行存款380万元”。通过现场核实，实际绿化面积远小于合同标的面积，据张某反映C公司并没有与施工单位签订景观绿化合同，因此业务的真实性需要进一步落实。

（五）总结与思考

该类鉴定业务有别于普通的会计报表审计，鉴定业务的关键点是了解当事人的诉求，以此来确定注册会计师的鉴定方向及重点。本鉴定主要是以审计鉴证的方法为公安侦查办案提供线索，并非对财务报表真实性和完整性（公允列报）发表意见。对委托方已提供的资料进行详细梳理，资料不全的应及时书面要求委托方补充。

在鉴定实施过程中，要选择适当的鉴定程序来核实会计数据的完整性、真实性、恰当性。对提出的需要进一步核实的问题要有理有据，核实的关键点要明确，并且具有可操作性。在公安机关后续的侦办过程中随时提供专业方面的支持。

案例7　公安机关委托——涉嫌在无真实交易情况下开具或接受增值税专用发票案例

（一）基本情况

某会计师事务所接受公安机关委托，对A公司等涉案公司涉嫌在无真实交易情况下开具或接受增值税专用发票金额进行鉴定。

（二）鉴定目的

对A公司等涉案公司涉嫌在无真实交易情况下开具或接受增值税专用发票金额进行鉴定。

（三）鉴定方法与指引

1. 了解案情

Z市公安局W分局通过公安部云端战役平台推送给Y公安分局的线索称：Y公安分局辖区企业A公司在无真实交易的情况下于2019年9月25日接受B公司开具的19份增值税专用发票，税款共计24.53万元，A公司涉嫌虚开增值税专用发票。

后经Y公安分局调查发现，犯罪嫌疑人甲、乙等人于2019年10月至2021年8月24日以××省××市××区××小区×号楼×××室为作案地点，先后利用43家公司在无真实交易情况下开具或接受增值税专用发票。

2. 鉴定材料

（1）全国企业信用信息公示系统、天眼查企业信息查询网站公示信息。

（2）Y公安分局提供的犯罪嫌疑人的讯问笔录及被询问人员的询问笔录。

（3）Y公安分局提供的涉案公司增值税专用发票明细（电子版）。

（4）Y公安分局提供的涉案公司及犯罪嫌疑人使用或控制的银行账户交易明细（电子版）。

（5）Y公安分局提供的犯罪嫌疑人微信聊天记录截图（电子版）。

（6）犯罪嫌疑人及被询问人提供的有关鉴定资料。

（7）Y公安分局提供的其他有关鉴定资料。

3. 评估项目风险

（1）承接鉴定业务时，涉案金额无法可靠估计，需根据案件调查陆续确定。

（2）出具报告所需证据资料公安机关根据案件调查陆续提供，可能出现因证据资料不足，无法作出明确鉴定意见的风险。

（3）资金回流并非认定虚开增值税专用发票的唯一证据，需结合其他相关证据资料认定虚开金额。

（4）鉴定项目组认定虚开金额作为法院判决根据之一，鉴定意见书需准确无误。

4. 鉴定方法

（1）根据Y公安分局提供的涉案公司增值税专用发票明细，确定开票公司与受票公司之间开票金额：

①将Y公安分局提供的涉案公司增值税专用发票明细分类出进项

发票及销项发票明细；

②汇总A公司等涉案公司开具或接受增值税专用发票金额。

（2）查阅涉案公司银行账户交易明细，查找开票公司与受票公司之间资金往来：

①将Y公安分局提供的涉案公司及犯罪嫌疑人使用或控制的银行账户交易明细按涉案公司、银行开户人筛选分类；

②根据分类后的进项发票及销项发票明细，查找开票公司与受票公司是否存在资金往来；

③根据Y公安分局提供的涉案公司银行账户交易明细筛选出开票公司与受票公司之间的资金往来交易。

（3）追寻资金来源或流向，直至资金流向犯罪嫌疑人控制外的银行账户，了解资金最终去向：

①进项发票：接受进项发票对应的资金交易，一般首先是由开票公司相关的个人账户将款项汇入受票公司相关的个人账户，再由受票公司相关的个人账户将款项汇入受票公司，最后将款项由受票公司汇入开票公司，完成资金回流；

②销项发票：开具销项发票对应的资金交易，一般首先是由受票公司将款项汇入开票公司，再由开票公司将款项汇入开票公司相关的个人账户，最后开票公司相关的个人账户将款项汇入受票公司相关的个人账户，完成资金回流；

③资金回流过程一般符合付款时间间隔短、金额相等、回款金额按一定比例扣除开票费等特点。

（4）查看全国企业信用信息公示系统、天眼查企业信息查询网站公示信息，判断资金是否已经回到购票公司相关人员银行账户，如法人、股东等。在追寻资金流向犯罪嫌疑人控制外的银行账户过程中，应首先判断该流向的个人账户是否与开票公司存在关系。

（5）查阅被询问人员的询问笔录、犯罪嫌疑人微信聊天记录截图判断资金是否已经回到受票公司相关人员银行账户，如项目经理、财务人员等。

①若无法判断资金流向的个人账户与受票公司存在关系，应再查阅被询问人员的询问笔录、犯罪嫌疑人微信聊天记录截图，被询问人员的询问笔录、犯罪嫌疑人微信聊天记录截图是否提及到该回流过程，从而判断资金是否完成回流。

②对于进项发票回流过程中，由于开票方与受票方相互信任，犯罪嫌疑人微信聊天记录截图中部分回流过程不完整，对此，对于开票方曾使用过的个人银行账户应予以统计，从而还原犯罪嫌疑人微信聊天记录截图中不完整的回流过程。

5. 鉴定过程

（1）接受鉴定委托，拟定鉴定计划。某会计师事务所接受委托，与委托方明确鉴定目的，对自身专业胜任能力、独立性和业务风险进行综合分析、评价，确认项目负责人，组成鉴定项目组并拟定鉴定计划。

（2）鉴定项目组了解案情，根据案情拟定需要进一步提供的鉴定资料清单。

（3）鉴定项目组根据犯罪嫌疑人的讯问笔录及被询问人员的询问笔录确定相关涉案公司。

（4）鉴定项目组根据涉案公司的增值税专用发票明细整理汇总发票购买方及购买增值税发票总金额。

（5）鉴定项目组索取、分类、分析、计算、汇总相关鉴定资料。

①索取涉案公司增值税专用发票明细、犯罪嫌疑人的讯问笔录及被询问人员的询问笔录、涉案公司及犯罪嫌疑人使用或控制的银行账户交易明细、犯罪嫌疑人微信聊天记录截图等。

②将资料进行整理分类，如增值税专用发票明细按地区分类等。

③查阅涉案公司及犯罪嫌疑人控制的银行账户交易明细，结合公开信息、被询问人员的询问笔录及犯罪嫌疑人微信聊天记录截图，查找购票公司与开票公司之间是否存在资金往来，并追寻资金流向，判断资金是否存在回流。

④汇总相关数据，将相关数据、资料进行串联，验证经计算后数据的完整、无误。

（6）鉴定项目组根据委托鉴定要求，在审核鉴定资料，确认鉴定方法合理、鉴定数据计算无误、没有发生重复和遗漏情况的基础上，确定鉴定意见。

（四）鉴定意见

经鉴定，共41家公司在无真实交易的情况下开具增值税专用发票3 142份，不含税金额合计29 124.51万元，税额合计3 731.45万元，价税合计金额32 855.95万元，其中：存在资金回流的金额为28 830.14万元；无法确定资金是否存在回流的金额为4 025.81万元（主要原因系：因Y公安分局提供的涉案公司及犯罪嫌疑人使用或控制的银行账户交易明细中无法查询到相关公司的交易情况；开票公司、受票公司及相关个人之间的付款金额、回款金额无法逐笔对应，且犯罪嫌疑人微信聊天记录无法佐证等）。

经鉴定，共37家公司在无真实交易的情况下接受增值税专用发票4 214份，不含税金额合计69 064.65万元，税额合计8 832.65万元，价税合计77 897.30万元，其中：存在资金回流的金额为58 025.21万元；无法确定资金是否存在回流的金额为19 872.09万元（主要原因系：因Y公安分局提供的涉案公司及犯罪嫌疑人使用或控制的银行账户交易明细中无法查询到相关公司的交易情况；开票公司、受票公司及相关个人之间的付款金额、回款金额无法逐笔对应，且犯罪嫌疑人微信聊天记录无法佐证等)。

(五)总结与思考

虚开增值税专用发票鉴定业务重点问题可能存在差异，就本案例而言存在以下3个重点问题：

(1)本案涉案金额巨大，受票下游企业数量众多，公安机关重点调查累计接受增值税专用发票金额较大的企业，故鉴定项目组仅针对公安机关调查企业进行鉴定。

(2)涉案公司接受增值税专用发票上游企业较多，但实际开票人较为单一，鉴定项目组可以通过查看微信聊天记录确定开票企业，还原开票过程，认定开票金额。

(3)受票下游企业多为结算工程款、劳务费等，资金多数回流到受票公司相关人员银行账户，如项目经理、财务人员等，虽然资金未形成完整的闭环，但根据询问及讯问笔录仍可认定资金已回流。

案例8　公安机关委托——涉嫌非法吸收公众存款案例

（一）基本情况

某会计师事务所接受公安机关委托，对H公司涉嫌非法吸收公众存款事项进行鉴定。

（二）鉴定目的

确定H公司涉嫌非法吸收公众存款案所涉及的已报案人数、实际投资金额、返还本金金额、返还利息金额、实际损失金额、报案投资人所投资金去向情况。

（三）鉴定方法与指引

1. 了解案情

2017年5月16日，H公司同某金融服务股份有限公司签订《某金融服务中心机构会员入驻协议》，入驻某金融服务中心，并借助该中心平台介绍推销Z控股集团有限公司的私募基金产品。H公司的负责人王某违反关于私募基金募集的法律规定，以K投资管理有限公司的名义向不适格的投资人推销Z控股集团有限公司的私募基金产品。实际控制人赵某因另案被北京警方逮捕，Z集团到期的私募基金产品不能兑付。

2. 鉴定材料

委托方提供K投资管理有限公司7个对公账账户交易、部分交易流水电子版；询问笔录、讯问笔录；报案人相关资料，包括询问笔录、王某非法吸收公众存款调查登记表（简称调查表）、委托投资协议书、银行流水。

3. 评估项目风险

公安机关提供的鉴定材料存在不完整的情况：

（1）部分报案人的投资未提供委托投资协议书，仅有银行转账记录；有的报案投资人提供了委托投资协议书，但无投资的银行转账回单，同时提供的银行账户流水转出又无对手信息，能否作为鉴定依据及如何利用其进行鉴定是本次鉴定的难点。

（2）委托方调取的部分银行流水不全，且已调取银行流水中部分对手信息不明确，影响鉴定意见的确定。

4. 鉴定方法及过程

（1）业务承接

①与委托方沟通，了解案件基本情况，具体包括案件性质及概况、涉案单位及人员、涉案期间、提供的相关资料情况等。

②确定委托鉴定事项及鉴定目的、要求。

③签署业务委托协议。

（2）业务执行

①初步整理阅读笔录及其他资料，了解公司的投资人总体状况、公司运作模式及投资标的项目，初步了解所筹资金款项流向。

②将报案人、嫌疑人及相关人员所述笔录与银行流水、相关协议等报案资料核对，同时与公司账户银行流水比对审核、确认投资金额、

返本息金额、投资损失金额。

③对存在的投资人笔录问题、笔录与所提供的佐证资料不符问题，转交公安机关进行沟通、修改和补充。

④根据笔录、各账户银行流水、对报案人投资款去向进行分析确认。

（3）出具司法鉴定意见书

鉴定人员作出鉴定意见后，经过项目质量复核，出具司法鉴定意见书征求意见稿，与公安机关进行沟通征求意见后，出具正式司法鉴定意见书。

（四）鉴定意见

1. 报案投资人实际损失情况

H公司涉嫌非法吸收公众存款案截至20××年10月20日，已报案投资人数共计39人，实际投资金额共计1 690万元，返还利息金额共计72.26万元，返还本金金额共计60万元，实际损失金额共计1 557.74万元。

2. 报案投资人所投资金去向情况

依据现有委托鉴定材料，报案投资人所投资金1 535万元，依据银行流水中的“摘要说明”及“备注”归类，去向情况如下：

（1）还款及利息金额共计103.08万元；

（2）退回金额4.73万元；

（3）收费项目0.1万元；

（4）项目开发借款金额共计842.49万元；

（5）转出至K投资管理有限公司其他银行账户金额共计584.60万元。

（五）特别事项说明

1.部分报案人的投资未提供委托投资协议书，但有银行转账记录，本次鉴定将该部分投资金额予以确认。

2.报案投资人韩某2018年8月8日投资5万元，没有下载线上合同，提供的本人某银行账户流水显示，2018年8月8日分别转出4万元和1万元至宝付网络科技（上海）有限公司客户备付金账户，因无其他资料佐证，本次鉴定依据报案投资人笔录将该部分投资金额予以确认。

3.报案投资人李某2017年12月8日投资100万元，提供了《禾中米良壹号投资基金专户补充协议书》（该协议书未附投资的银行转账回单），提供的某银行账户流水显示，2017年12月8日转出100万元但无对手信息，因无其他资料佐证，本次鉴定依据报案投资人笔录将该部分投资金额予以确认。

4.因委托方调取的部分银行流水不全，且已调取银行流水中部分对手信息不明确，本次鉴定仅依据报案人笔录确认自银行返本返息金额，故存在自银行返本返息金额确认不全情况。

（六）总结与思考

1.该项鉴定业务，由于公安机关提供的鉴定材料存在诸多瑕疵，给鉴定工作带来很大的困难和风险，鉴定过程中，鉴定人员一直在与公安机关进行有效的沟通，补充完善鉴定资料，以使鉴定更加顺利，给公安机关提供更专业严谨的鉴定意见，无法补充完善的瑕疵事项及其对鉴定意见的影响在鉴定意见书中作出披露，有效地规避鉴定风险。

2.鉴定人员作出初步鉴定意见后，一定要严格执行质量复核程序，将司法鉴定意见书征求意见稿与公安机关进行沟通征求意见后，最后出具正式司法鉴定意见书。

案例9 检察机关委托——实际控制人涉嫌职务侵占案例

（一）基本情况

某会计师事务所接受检察机关的委托，对刘某职务侵占金额进行鉴定。

（二）鉴定目的

核实刘某收取并侵占的业主装修押金、物业费、水电费等资金。

（三）鉴定方法与指引

1. 了解案情

根据检察院介绍：刘某2017年8月24日与海南A投资有限公司签订劳动合同，由于A投资有限公司（以下简称“A公司”）和××物业管理有限公司（以下简称“××物业公司”）同为系统内企业，因工作需要，指派刘某到××物业公司担任出纳，收取业主的装修押金、物业费、水电费等资金。现委托会计师事务所对刘某收取业主装修押金、物业费、水电费等资金未上交公司的金额进行司法鉴定。

2. 鉴定材料

检察院提供的询问笔录、银行流水、会计凭证、明细账、未记账的装修申请表、收费收据的复印件等相关资料。

3. 评估项目风险

此项鉴定中业主提供的装修申请表、收费收据均为复印件，鉴定的难点在于确定业主已缴纳的装修押金、物业费、水电费的单据和依据口径是否完整、准确，以及如何勾稽核对准确剔除已记账的装修押金、物业费和水电费，从而确定刘某已收未上交的相关资金金额。

4. 鉴定方法及过程

（1）该鉴定采用审阅法、复算法、核对法、综合分析法等技术方法。

（2）核查刘某已收但未入账的装修押金的情况。

对2017年8月至2018年6月美丽春天四期“房屋装饰装修申请表”的检验：将刘某签字并经手的美丽春天四期“房屋装饰装修申请表”与××物业公司的“应付押金及保证金”账户进行逐笔核对，剔除刘某签字并经手已记账的“房屋装饰装修申请表”后进行汇总统计，装修申请表的金额合计为29.00万元，其中含：水费合计为1.08万元，电费合计0.76万元；扣除水电费后，刘某已收但未入账的装修押金的金额为27.16万元。

（3）核查刘某已收但未入账的物业费等费用的金额。

对2017年8月至2018年6月××物业公司的收费收据的检验：将××物业公司此段时间（2017年8月—2018年6月）未记账的收费收据与“代收代垫款”明细账进行逐笔核对，剔除已记账的收费收据后，对物业费等相关费用进行汇总，刘某已收但未入账的物业费、装修电梯使用费、装修垃圾清运费等金额合计为36.76万元。

（4）核查刘某已收但未入账的水电费的情况。

对2017年8月至2018年6月××物业公司未收到水电费的检验：

在2017年8月至2018年6月期间，美丽春天三期水电费充值系统应收款16.33万元，美丽春天四期水电充值系统应收款61.83万元；三期账上水电费入账：9.29万元，四期账上水电记账：34.87万元。刘某已收但未入账的水电费金额为：33.97万元。

（四）鉴定意见

经过对××物业公司2017年8月至2018年6月的会计凭证、明细账、装修申请表、收费收据的检验，鉴定意见如下：刘某已收但未上交的装修押金、物业费、水电费等项目的收费金额合计为：97.90万元。

（五）总结与思考

对此项鉴定中的装修申请表、收费收据的复印件的说明：

（1）因业主提供的装修申请表、收费收据均为复印件，鉴定人员对其进行了交叉核对，即：装修申请表与“应付押金及保证金”账户核对；收费收据与“代收代垫款”明细账核对，收据中装修押金、装修管理费等与“代收代垫款”明细账核对；剔除已记账的装修申请表、收费收据后，汇总装修申请表、收费收据的金额。装修申请表合计金额已扣除水电费金额。

（2）因一部分业主不在万宁美丽春天居住，业主回来到物业缴费时才发现问题，如果业主不回来，物业也不知道。所以物业收集的收费收据不完整。未上交水电费的金额，按照××物业公司的水电费充值系统与收到水电费的差额确定。未上交物业费等的金额没有对比指标，只能按照收据确定。

案例10　检察机关委托——违法套取政府补贴案例

（一）基本情况

某会计师事务所接受委托对×公司违法套取政府补贴的金额进行鉴定。

（二）鉴定目的

核实养牛基地工程成本，进而核实应该领取政府补贴金额、已经领取金额，是否造成财政资金损失及损失金额。

（三）鉴定方法与指引

1. 了解案情

×公司主要从事婴幼儿奶粉的研发、生产和销售等业务，在全国范围内建立多个奶源地，取得了良好的经济效益和社会口碑。2015年1月，×公司计划在某市这一国际公认最佳养牛带建立奶粉制造基地，其中奶牛饲养基地共计1 800亩。

2016年2月基地竣工，经资产评估机构评估确认的工程成本为43 811.67万元。2016年底，经会计师事务所审计确认的不含待摊费用的工程直接成本43 811.67万元，资产评估机构与会计师事务所对该基地工程成本的确认金额一致。但是，2017年1月政府相关部门对该基地的实测面积为1 676.71亩。按照农业部门出台的对养殖业的鼓励和支持政策，×公司建设的养殖基地可以领取两笔政府补贴，分别按照每亩1万元和成本的30%，两项补贴合计15 658.54万元，截至2016年12月×公司已经领取13 635万元，未领取的政府补贴为2 023.51万元。

经当地农业部门调查发现，×公司与所聘请的资产评估机构、会计师事务所之间存在关联关系，×公司奶牛养殖基地的实际建设成本远远低于送审成本，评估机构与会计师事务所虚增了评估的工程成本。同时，经进一步调查得知，虚假交易情况同样存在于×公司的购货过程中，相关财务人员刻意回避咨询。

当地检察院的经济犯罪侦查机关，因办案需要提请对×公司开展司法会计鉴定以掌握其套取政府补贴的证据。

2. 鉴定材料

包含各供应商之间往来记录的×公司涉案区间的所有记账凭证、相关人员的问话记录以及×公司提供手工记录的购货凭证、165张银行付款回单等财务资料。

3. 评估项目风险

对被鉴定单位的基本情况不熟悉；事务所和评估机构与×公司可能存在关联关系；可能伪造单据进而虚增工程建设成本。

采取措施：了解被鉴定单位经营范围、单位性质等基本情况，是否存在关联方，是否具有母公司或子公司，是否具有完善的内控系统，会计科目设置及科目核算，采用的记账方式，会计处理工作采用了何种软件；工程具体情况，主要负责人相关社会关系以及涉案项目的会计区间等。

通过涉案信息，受托鉴定人员初步了解了被鉴定单位的基本情况。同时，侦查人员还收集了包含各供应商之间往来记录的×公司涉案区间的所有记账凭证、相关人员的问话记录以及×公司向资产评估机构和会计师事务所提供的财务资料。

4. 鉴定方法及过程

（1）核对采购的钢材成本。鉴定人员将×公司提供的手工记录的购货凭证在EXCEL软件中进行录入，经过梳理后得知涉案区间内共有5家企业与×公司存在交易来往，并且存在A、B两家主要供货方。2015年2月—2016年2月、2015年6—10月，×公司实际分别从A钢材公司和B顶棚配件公司购买建材6 418.61万元、配件77.70万元，不含税价款合计6 496.31万元。2015年2月—2016年12月，公司分别向A、B公司付款17 014.96万元、13 928.29万元。同期，A、B两家供货方分别退款11 250万元、6 120万元，且向其他供货方代转款6 975万元，总计24 345万元，将其从×公司支付款总额中扣除后剩余部分即为实付款，实付款金额=17 014.96+13 928.29−24 345=6 598.25万元。×公司养牛基地购买钢材货款与实付款扣除其他基地购钢款后剩余部分（101.94万元）相抵，×公司与A、B供货方钱货两清。

（2）×公司共向鉴定人员提供165张银行付款回单，向A、B公司和其他供货方的付款回单分别为4张（2 175万元）、1张（225万元）、23张（13 117.5万元），共计28张（15 517.5万元）。这部分账单在银行中并没有记录，虚增转账、虚增成本行为得以证实。

（3）采用原始凭证的购货销售单、银行电子回单重新核算的方式对×公司养牛基地购钢款进行检验得知，其23张付款回单均为虚造。

（四）鉴定意见

根据鉴定材料，经过鉴定人员的鉴定，现有财会资料反映的基地工程成本为23 547.80万元，按照政府补贴申领标准，其应领补贴=1 676.71亩×1万元/亩+23 547.80万元×30%=8 741.05万元，截至2016年12月×公司已经领取13 635万元，造成财政资金损失4 893.95万元。

（五）总结与思考

1.从源头查起，顺查证据，根据银行转账记录，核对供货方，而不应依赖 × 公司的账目。

2.银行付款回单可能造假，需亲自获取银行对账单，逐笔核对付款情况。

3.钱证、物证、人证、单证四者应当充分结合起来。

案例11　仲裁委委托——A公司前期投资费用鉴定案例

（一）基本情况

某事务所接受仲裁委员会委托，对A公司B片区项目前期投资费用进行鉴定。

（二）鉴定目的

申请人A公司于2018年向某仲裁委员会提出仲裁申请，请求××区人民政府、C街道办事处支付申请人对本项目的前期投入资金，仲裁委委托某会计师事务所对申请人在2003年8月至2007年9月期间对B片区项目先期投入资金进行鉴定。

（三）鉴定方法与指引

1. 了解案情

2003年至2007年，申请人A公司对B片区项目根据与C街道办事处的协议，进行了规划设计、招商引资、土地报批、道路施工等建设活动。2007年8月，B片区国有土地使用权出让公开招标，申请人未能中标，无法对本项目进行后续建设，土地受让人未能承担申请人前期项目投资成本和相关费用。申请人在以后期间多次向被申请人C街道办事处申请支付前期投资费用，一直没得到解决。

申请人A公司于2018年向某仲裁委员会提出仲裁申请，请求××区人民政府、C街道办事处支付申请人对本项目的前期投入资金，仲裁委委托某会计师事务所对A公司前期投资费用进行鉴定。

2. 鉴定材料

A公司提交的自2003年8月起至2007年9月止的财务资料（包括记账凭证、明细账和总账），以及与项目有关的其他资料。

3. 评估项目风险

委托人提交了自2003年8月起至2007年9月止的财务资料，但是缺少该期间的部分会计账簿和记账凭证。

A公司在上述期间开发的工程项目，除了B片区外，还有其他几个房地产开发项目，部分费用不能直接计入B片区，而应该在所有涉及的开发项目进行分摊，需要确定合理的分摊依据。

初步了解，A公司提交的账务凭证中，有些原始凭证开具的单位抬头，并不是A公司，票据的开具不规范。

对于上述问题：鉴定人员通过让申请人补充提供相关资料，以弥补个别财务资料的欠缺，从而对B片区开发过程中发生的费用作出计量；分摊依据可以按照行业惯例确定；原始凭证存在的缺陷，则严格按照会计准则和相关法规的规定进行审核，不合规的予以剔除。

4. 鉴定方法及过程

鉴定人员按照相关企业会计准则和制度规定，并根据申请人账面会计科目设置以及各科目核算的具体业务内容，把申请人资料分成开发成本、管理费用和财务利息费用三大部分进行分类整理，每类再细分成本费用项目，按年度进行汇总。

分项目说明鉴定过程如下：

（1）开发成本

申请人账面设置开发成本科目，并分工程项目和成本项目进行明细账登记，同时在记账凭证和后附原始凭证都注明了具体工程项目名称，核算较细致和完善。鉴定人员逐笔检查了2003年至2007年开发成本——B片区明细账发生额，审核了原始入账单据和相关资料，并将明确直接归属于本项目的开发成本明细账进一步细化，把账面已经分成前期工程、基础设施、拆迁补偿、开发费用等明细成本项目进一步细化成拆迁补偿、规划测绘评估、招商引资、工程款、工资福利、办公费和资本化利息共七个明细项目，分类汇总整理。

在归集本项目开发成本过程中，剔除了账面本项目开发成本中使用其他单位单据入账或附件不全的开发成本支出××元；剔除无充足依据由本项目全额承担的典当费用、职工集资利息等费用××元，待分配计入各工程项目。

另外需要说明的是，上述整理的B片区直接开发成本××元，其中有使用一般收据入账的开发成本支出××元暂未作剔除。

（2）管理费用

申请人未提供2004年至2007年管理费用明细账，仅提供了2003年管理费用明细账和各年管理费用总账。鉴定人员逐笔审核了2003年至2007年管理费用记账凭证及其凭证附件，发现公司账面已将管理费用按明细科目分类核算，但因记账凭证业务核算内容都是公司运营管理方面的公共费用，大部分凭证单据未详细注明事由，申请人也未提供能充分证明费用发生与具体工程项目关联程度的资料。并且申请人在2003年至2007年账面核算的开工建设项目有若干个，各项目完工程度不一，故鉴定人员不能确定每笔费用支出计入本工程项目的具体数据或最适当的分摊依据。

首先剔除记账凭证中明确注明属于其他工程项目的管理费用支出业务，再将各年管理费用记账凭证分开明细科目按照记账日期顺序分类整理成管理费用分类明细表，进一步筛选记账凭证中明确注明属于本工程项目的管理费用，金额为××元；然后再将剩余未注明具体工程项目归属的管理费用单独汇总整理，金额为××元，需进一步确定应由本项目分摊的费用金额。

A公司2003年至2007年，账面核算的开工建设项目有4个，但根据账面开发成本发生额，与B片区开发建设同期有成本支出发生的项目有D工地、E工地、F区工地和G工地。A公司已提供项目情况说明材料，说明D工地、E工地、F区工地大部分楼房于2003年6月前已竣工验收，只有G工地项目中的9#楼、10#楼和11#楼于2004年9月和2005年4月竣工验收。但2004年至2006年，A公司账面D工地、E工地、F区工地这三个项目都发生开发成本支出。2007年因提供账簿不全，开发成本明细账仅提供了G工地和B片区共两个项目。根据公司提供资料，G工地开发成本支出是由与公司合作开发经营的单位和个人出资，其出资额已超过开发成本发生额，未占用公司资金。按照开发产品科目总账记载，2007年开发产品科目未发生业务，余额延续2006年余额，说明2007年度各工程项目未从开发成本向开发产品结转。通过开发成本科目2007年总额余额与2006年对比，倒算G工地和B片区两个项目外的其他工程项目，2007年开发成本应发生××元（公司未提供其他工程项目开发成本支出明细账）。经检查这部分开发成本支出记账凭证付款方式，其中有××元的货币支出，其余均为前期预付工程款收到工程发票结转开发成本。再检查2007年9月末预付账款余额，里面不包含与B片区相关的预付账款，说明B片区项目的预付账款均已结转开发成本。所以A公司在说明材料中表明的“自2003年至2007年期间，因A公司集中运作B片区项目，没有开发别的项目，……2003—2007年发生的费用都应进入B片区项目中”的说法，理由不充足，尚缺少充分适当的证据材料。

综上所述，鉴定人员暂以2003年8月至2007年9月公司开发成本账面发生额为依据，以每年度B片区开发成本发生金额占账面所有开发项目同期开发成本支出总金额的比例，确定应由B片区项目分摊的管理费用金额。经计算，应由B片区项目分摊的管理费用金额为××元。

（3）财务费用

本部分财务费用主要是指借款利息费用。申请人在2003年至2007年账面核算的开工建设项目有若干个，各项目完工程度不一；且申请人未提供有关借款合同协议、银行流水等能充分证明借款用于具体开发项目的材料，会计师事务所无法将每笔借款利息费用与具体的工程项目相对应。

鉴定人员先将账面财务费用——利息支出与开发成本科目中不能明确具体工程项目归属的利息费用汇总，将各年借款利息分贷款银行（类别）详细列示金额，合计××元。然后根据账面开发成本和财务费用总账金额，将各年度财务利息支出总额与当年开发成本平均余额相比，得到各年度所有开发项目的年平均利率。再计算B片区项目账面每年开发成本平均余额，与应由B片区项目分摊的管理费用金额合并，再与各年度所有开发项目的年平均利率相乘，得到各年度应由B片区项目分摊的财务利息费用，合计××元。

（四）鉴定意见

综合上述对开发成本和期间费用的鉴定情况，将明确能归集到B片区项目的开发成本××元、管理费用××元与采用分摊比例计算的应由B片区项目承担的管理费用××元和财务借款利息费用××元汇总，得到申请人A公司2003年8月至2007年9月对B片区先期投入资金合计××元。

经审核，申请人A公司2003年8月至2007年9月对B片区先期投入资金为××元。详见下表：

B片区前期投入审核总表

年度	直接开发成本支出	直接管理费用支出	间接管理费用分配	项目承担财务利息	合计
2003年					
2004年					
2005年					
2006年					
2007年					
合计					

（五）总结与思考

关于鉴定资料的完整性：本项鉴定业务中，申请人未提供2004年至2007年管理费用明细账，仅提供了2003年管理费用明细账和各年管理费用总账。

从会计制度角度严格说来，一套完整的账目，应该包括总账、明细账、凭证等，但是委托人提供的现有资料，可以作为依据就委托事项得出意见。对于鉴定资料的完整性应灵活把握，区分会计制度中会计资料的完整性和鉴定事项所需资料完整性不同要求。

关于费用分摊，管理费用在几个相关项目中进行分摊是采用了行业中常用的惯例，每年度B片区开发成本发生金额占账面所有开发项目同期开发成本支出总金额的比例，确定应由B片区项目分摊的管理费用金额。财务费用的分摊也采用了同一思路。

案例12　仲裁委委托——建设工程施工合同纠纷争议数据案例

（一）基本情况

某会计师事务所接受仲裁委委托，对建设工程施工合同纠纷争议数据进行鉴定。

（二）鉴定目的

对申请人就与被申请人签订的建设工程施工合同纠纷中双方有争议的数据进行鉴定。

（三）鉴定方法与指引

1. 了解案情

2019年12月，申请人就与被申请人签订的建设工程施工合同纠纷向某仲裁委员会提出仲裁申请，会计师事务所对申请人提交的《仲裁申请书》“请求事项”中的第1条涉案双方有争议的数据进行鉴定，即项目投资利息损失2 569.07万元，投资收益2 250.45万元，代垫投资利息收益1 819.55万元，违约金1 569.82万元，共8 208.89万元。

2. 鉴定材料

（1）项目实施合同书；

（2）相关审计报告；

（3）项目回购款明细表；

（4）项目回购款扣除项目明细表；

（5）企业变更情况；

（6）项目资金占用费明细表及贷款合同。

3. 评估项目风险

涉及的合同细节非常复杂烦琐，条款之间的逻辑关系非常强，申请人与被申请人对合同的条款有争议，鉴定人员拟对合同细节进行全面的梳理，并组织级别更高的专业人员进行讨论研究，从不同的角度解析，对有争议的条款进行论证解读。

4. 鉴定方法及过程

查阅合同或文件记录等相关信息；结合合同或文件记录等相关信息，对数据进行核对、整理、计算、统计和分析性复核；其他必要的鉴定程序。

接受委托后会计师事务所成立了鉴定小组，根据仲裁委员会的鉴定要求，拟定鉴定方案，执行鉴定程序，主要鉴定过程如下：

（1）查阅鉴定材料，初步了解案情。

（2）对申请人要求鉴定的内容，分步实施，具体为：

①对申请人的申请要求按性质进行分类，并在项目组内进行分工；

②组织项目组成员，对双方签订的合同进行逐条解读，特别是对合同的关键条款及双方有争议的事项，组织级别更高的专业人员进行讨论研究，从不同的角度解析，形成一致意见；

③根据合同的约定，划分建设期、回购期，汇总整理关键信息的计算公式，得出计算结果。

项目总投资额：系指经甲乙双方确认，本项目的实际总投资额

（包括但不限于本项目工程总造价及相关费用等）。

回购基数：系指经甲乙双方确认的项目总投资额。

融资利率：系指乙方贷款合同约定的并经甲方认可的银行贷款利率。

投资收益：系指乙方投资建设本项目应获得的投资收益，包括以下三部分：

第一，项目建设期投资收益：在项目建设期内，按分期投资额的3.6%（年收益率）及建设期实际占用天数计取的收益。

项目建设期投资收益=∑分期投资额×3.6%×建设期实际占用天数÷360

第二，项目回购期投资收益：在项目回购期内，按回购基数的3.6%（年收益率）及回购期实际占用天数计取的收益。

项目回购期投资收益=回购基数×3.6%×回购期实际占用天数÷360

第三，前期费用投资收益按投标文件执行。

投资利息：系指按融资利率由甲方支付给乙方的投资利息，包括项目建设、移交期投资利息和项目回购期投资利息；

项目建设期投资利息：在项目建设期内，按项目分期投资额和融资利率及实际占用天数计取的利息。

项目建设期投资利息=∑分期投资额×融资利率×建设期实际占用天数÷360

项目回购期投资利息：在项目回购期内，按项目回购基数和融资利率及实际占用天数计取的利息。

项目回购期投资利息=回购基数×融资利率×回购期实际占用天数÷360

开工日期：系指相关主管部门颁发项目施工许可证后，甲方或监理单位签发的开工令载明的开工日期。

完工日：系指项目工程已按设计文件建成、具备交工验收条件之日。

建设期：系指自本项目工程开工日起至完工日止的期间。

项目移交日：系指交工验收合格之日的次日为项目移交日。

回购期：系指自项目移交日起，至回购款全部付清之日止的期间。

回购期起始日：系指项目移交日。

融资贷款利率：以乙方与贷款银行签订的合同利率，该利率甲方应予以认可。

融资贷款利率的调整：在建设期和回购期期间如遇贷款银行贷款利率调整，按实际贷款利率进行调整。

项目回购款的构成：本项目回购款由回购基数（即项目总投资额）、投资收益和投资利息构成：

项目建设期投资收益=∑分期投资额 ×3.6%× 建设期实际占用天数 ÷360

项目回购期投资收益=回购基数 ×3.6%× 回购期实际占用天数 ÷360

前期费用超过2 000万元增加的投资收益：若前期费用在2 000万~3 000万元时，增加的投资收益=（前期费用–2 000万元）×（10%–3.6%）；若前期费用多于3 000万元时，增加的投资收益=1 000万元 ×（10%–3.6%）+（前期费用–3 000万元）×（15%–3.6%）。

项目建设期投资利息=∑分期投资额 × 融资利率 × 建设期实际占用天数 ÷360

项目回购期投资利息=回购基数 × 融资利率 × 回购期实际占用天数 ÷360

如乙方为甲方垫付投资利息时，计算方法即建设期及回购期投资利息由甲方负责按时支付，如甲方不能支付时，由乙方垫付，甲方按乙方实际垫付金额及时间按年3.6%的回报支付乙方，在支付回购款时一并计算、付清。

④对照银行回单，查看每一笔付款，落实款项是否实际支付。

（四）鉴定意见

本鉴定意见书以收到的款项作为回购基数（即项目总投资额），已收款超出回购基数部分为投资收益、投资利息的计算基础，与所申请金额的计算口径吻合。

本鉴定意见书代垫投资利息收益的计算与申请人提交的审计报告中的回购期计算口径相吻合。

经计算，项目投资收益、投资利息损失、代垫投资利息收益、违约金合计7 429.30万元，明细见下表：

序号	项目	申请金额（万元）	鉴定金额（万元）
1	投资收益	2 250.45	1 568.64
2	投资利息损失	2 569.07	3 287.18
3	代垫投资利息收益	1 819.55	938.64
4	违约金	1 569.82	1 634.84
合计		8 208.89	7 429.30

（五）总结与思考

该业务案情相对简单，但涉及的合同细节非常复杂繁琐，条款之间的逻辑关系非常强，鉴定人员对合同细节进行了全面的梳理，对关键节点进行了明确的标识，对有争议的条款进行了多次论证解读，为后续计算过程提供了依据。该鉴定意见书出具后，被申请人的律师针对细节进行了当庭提问，鉴定人员按照合同的对应条款作出了明确的回复，后仲裁庭及双方当事人未再对鉴定意见提出异议。

参考文献

［1］于朝.司法会计学（修订版）［M］.北京：中国检察出版社，2004.

［2］于朝.司法会计鉴定实务［M］.北京：中国检察出版社，2014.

［3］庞建兵.司法会计原理与实务［M］.北京：中国检察出版社，2017.

［4］于朝，庞建兵.中国司法鉴定人执业准则（专家拟制稿）［M］.北京：中国检察出版社，2013.

［5］广东省注册会计师协会.粤注协〔2020〕211号.广东省会计师事务所司法会计鉴定实务与案例分析［R］.2020.

［6］北京注册会计师协会.专家提示〔2018〕第2号.司法会计鉴定业务承接与实施的基本要求［Z］.2018.

［7］北京注册会计师协会.司法会计鉴定实务操作指南［M］.北京：经济科学出版社，2012.

［8］北京注册会计师协会.司法会计案例解析［M］.北京：经济科学出版社，2015.

［9］朱旭光，郭华.完善诉讼中司法鉴定制度研究［M］.北京：人民法院出版社，2017.

［10］刘丽云.常用司法鉴定意见质证要点［M］.北京：法律出版社，2021.

［11］朱化武，高长春，陈建永.工程造价司法鉴定实务［M］.北京：中国建筑工业出版社，2015.

［12］建设工程造价鉴定规范（GB/T 51262-2017）［S］.2017.

编审委员会名单

主编简介

王丽梅 注册会计师非执业会员，美国注册管理会计师（CMA）。先后从事会计工作、事务所审计工作及集团内审工作，现任职于山东省注册会计师协会监管部，两次组织汇编最新《注册会计师职业准则》，组织编写《注册会计师职业素养提升手册》，作为专家参与编写《山东省破产管理人业务操作指引（试行）》，发表文章《企业破产清算审计中需要注意的问题及应对策略探讨》，参与编写《零距离教你做审计》。本次组织编写《注册会计师行业司法会计审计鉴定理论与实务》，梳理了相关法律法规及有关政策规则，结合实务提出了注册会计师行业司法会计审计鉴定的说法，以及司法会计鉴定取消司法行政登记后回归行业管理，注册会计师作为具有专门知识的人需要根据具体业务运用职业判断确定出具意见类型的有关观点，编辑校对全书理论与实务。

李　芳 山东瑞诚会计师事务所合伙人，在会计师事务所从业 30 余年。近年来，致力于专业审计及司法会计鉴定业务，参与了省财政厅及省注协组织的会计师事务所相关业务检查，在检查过程中发现涉及司法会计鉴定业务的投诉较多，结合自己在做司法会计鉴定业务过程中的工作经验，在《注册会计师行业司法会计审计鉴定理论与实务》的编写中，提出司法会计审计鉴定业务的有关理论方法，并撰写相关典型案例，编辑校对全书理论与实务。

冉祥俊 山东济南人，会计学学士，注册会计师非执业会员。现为山东省注册会计师协会秘书长助理，担任行业会员服务管理和财会监督等专题讲师。先后参与《注册会计师行业理论与实践》《山东省注册会计师行业发展报告》《山东省注册会计师会刊》等有关书籍的撰写工作。在《注册会计师行业司法会计审计鉴定理论与实务》的编写中，提出司法会计审计鉴定业务的有关理论方法，编辑校对全书理论与实务。

李晓霞 山东省注册会计师协会财务总监，在会计师事务所从业 10 年，在山东省注册会计师协会任职 9 年，专注于财务工作，为省注协组织的会计师事务所财务人员专题培训班授课讲师，为山东省社会组织等级评估指标解读会授课讲师，并参加专家现场评估工作。参与编写历年《山东省注册会计师行业发展报告》《零距离教你做审计》《山东省注册会计师行业发展课题研究结项报告汇编》《数据资源入表案例集》。在《注册会计师行业司法会计审计鉴定理论与实务》的编写中，提出司法会计审计鉴定业务的有关理论方法，编辑校对全书理论与实务。